U0120478

许宏 作品

城的中国史

许宏 著

河南文艺出版社
·郑州·

图书在版编目（CIP）数据

城的中国史 / 许宏著. —郑州：河南文艺出版社，
2024.1
ISBN 978-7-5559-1574-4

Ⅰ.①城… Ⅱ.①许… Ⅲ.①中国历史-古代史-研
究 Ⅳ.①K220.7

中国国家版本馆 CIP 数据核字（2023）第 182024 号

选题策划　陈　静
责任编辑　陈　静　俞　芸
责任校对　殷现堂
书籍设计　书籍/设计/工坊
　　　　　刘运来工作室　徐胜男

出版发行　河南文艺出版社
本社地址　郑州市郑东新区祥盛街 27 号 C 座 5 楼
承印单位　郑州新海岸电脑彩色制印有限公司
经销单位　新华书店
开　　本　889 毫米×1194 毫米　1/32
印　　张　10.5
字　　数　120 000
版　　次　2024 年 1 月第 1 版
印　　次　2024 年 1 月第 1 次印刷
定　　价　78.00 元

目 录

1

一 引 子

解　题

作为一名资深考古人，笔者学术生涯的大半部分，都是和城池这种"不动产"的发掘与研究相关的。2021年，中国考古学这门学科刚过了百岁生日，现在，我们已经有这个自信来给大家分享考古学界从对城池的研究，到探索中国文明起源与发展进程的初步成果了。

城池内外的视域

大家知道，在人类历史上，大概没有哪个地域、哪个族群的人，比生活在我们华夏大地上的各个族群更喜欢筑城了。"无邑不城"，只要人扎堆的地方就得围起来。卷帙浩繁的古典文献中，充斥着关于城和筑城的记载；广袤的神州大地上，至今仍保留着耸立于地面之上的斑驳的古城墙。至于那些被埋在地下，后来又被考古工作者发现而重见天日的城池，更是比比皆是。可以说，城郭（内城外郭）是我们这块曾经战乱频仍的土地上的一大"特产"。

其中，给人印象最为深刻的是那些庞大的都城，城墙高耸，壁垒森严。令人记忆犹新的是半个多世纪之前还在的明清北京城，至今还断续可见的明代的南京城，地处北京的元代的大都，淹埋于黄土下的开封北宋汴梁城，被考古学家移到纸面上的棋盘格似的隋唐首都长安城和东都洛阳城，等等。鳞次栉比的里坊或胡同，以及将它们圈围起来的高大城郭，构成了中国古代帝国都城最鲜明的文化遗产标志。

所以，不只是公众，即便是考古学术圈，一般也都是把"无邑不城"作为中国古代都城的一个显著特色来加

清北京城－西直门全景（罗哲文摄，1948）

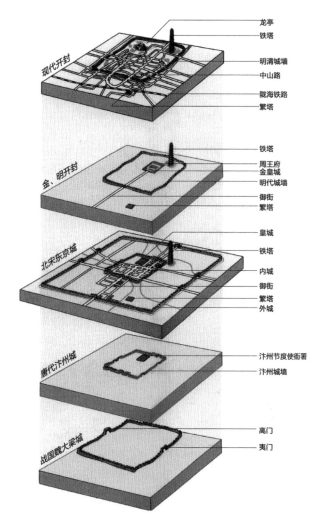

现代开封

龙亭
铁塔
明清城墙
中山路
陇海铁路
繁塔

金、明开封

铁塔
周王府
金皇城
明代城墙
御街
繁塔

北宋东京城

皇城
铁塔
内城
御街
繁塔
外城

唐代汴州城

汴州节度使衙署
汴州城墙

战国魏大梁城

高门
夷门

开封历代"城摞城"示意（据河南博物院 2017 改绘）

引 子

5

以强调的。但细加分析，就不难发现这一特征并非贯穿中国古代都城发展的始末，而是有鲜明的阶段性。（许宏2016A）这里，我们要提出并试图解答的问题是，中国最早的"城"出现于何时？古代都城的早期阶段有着怎样的发展轨迹？城郭齐备的状态源远流长吗？是单线平缓"进化"，还是有重大"变异"和波动？背后的动因又如何？如此种种，看似细碎，其实都是关涉中国古代都城甚至中国古代文明发展进程的大问题，因而成为学术界关注的焦点和大家感兴趣的话题。

由于中国特色的城郭制度并不是从一开始就有的，所以我们的观察视野也不限于城郭之内，而及于城池内外。这包括围起来的和没有围起来的村落、城市。城市中的大型中心都邑从不围到围起来的过程，它们本身就是中国文明史的重要内容，见证了华夏文明的起源与发展历程。

在书中，我还要和大家一起对"城池"的概念进行思辨。《礼记·礼运》说"城郭沟池以为固"，城池，指的是城墙和护城河。但大家知道在上古时期，还有一个只有"池（环壕）"而没有"城（城墙）"的时代，而用"池"围起来的聚落也是"城（城邑）"吗？这些问题，后面我会一一道来。

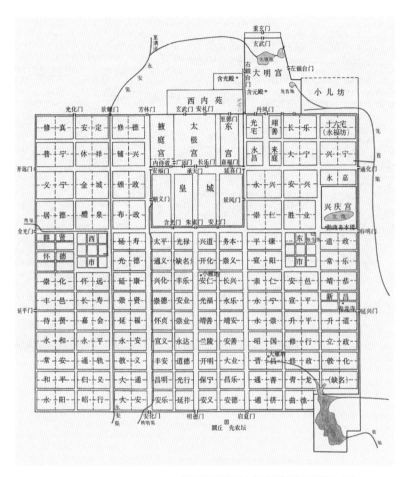

唐长安城平面复原（《考古学》编辑委员会等1986）

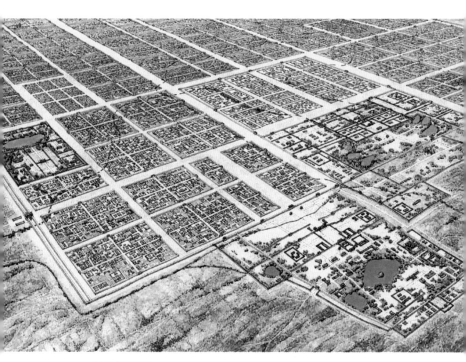

唐长安城复原示意

古代中国　华夏文明

　　上文我们提到"华夏文明"，这是个内涵丰富、比较复杂的概念，它以风俗习惯和思想文化为基准而不是种族的概念，其思想观念萌生于夏商周王朝文明登场之际，形成于春秋时期，从汉族的前身到中华民族的代名词，又有一个内涵和外延不断变化壮大的过程。这些，都会在书中时时进行梳理阐释，对城池的溯源，更远远早于华夏族群的诞生。所以，本书要讲的是从距今 9000 年前最早的城，直至一百多年前帝制结束（1911 年）时的城郭都邑，用个再通俗点的词，就是一部从"围子"到都城的古代中国史。

"围子"的变迁，当然是社会变迁的一个缩影。这些围子从极小到超大，从单纯的防御或区隔设施、稍简易的环壕聚落到壁垒森严的庞大围垣都邑，其间虽曲曲折折，但有一个发展的脉络在里边。

关键词①：聚落和邑，城与城邑

聚落：人居之处，中国古代叫"邑"

　　聚落，在词典中有两种解释，一是"人聚居的地方（settlement）"，一是"村落（village）"。在人类学、民族学和考古学界，一般用第一种含义，表示人类居住方式的一个大的范畴。学术界常用的"聚落形态""聚落考古"等词组中的"聚落"，都是这个含义。一般所说的"聚落"，包含城市和农村两种大的居住形态。最初都是村落，而城市（city），是人类社会发展到一定阶段（一般认为进入文明时代）而产生的一种区别于乡村的高级聚居形态。

　　这里的聚落，对应中国古代文献中的"邑"。从殷墟甲骨文中"邑"的用法看，显然它是殷商人对居民聚居点的泛指，都邑乃至大小族邑通称为"邑"。（宋镇豪 1994）从指代其国都的"天（大）邑商"到最基层的邑落，"邑"的概念随语言环境而多变，经常需要加定语才能确认它指的是什么，而并不特指都邑城市。

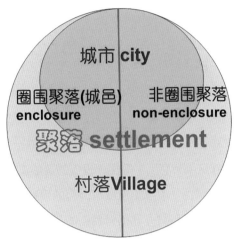

城邑：就是围子，不管用啥围

　　就外在形态而言，作为"邑"的聚落又可以根据圈围
设施的有无分为城邑（enclosure settlement）和非城邑
（non-enclosure settlement）两种。广义的"城"就是
指人们在聚落上构筑的圈围／区隔性设施（以防御性为主）
及拥有这种设施的聚落。（许宏 2017）

　　城，在现代汉语中有多种含义。《现代汉语词典（汉

英双语）》列出三种：一是"城墙"，二是"城墙以内的地方"，三是"城市（跟'乡'相对）"。第一种含义属于具体事物现象，看得见摸得着，城墙或加护城壕，构成"城池"，这个好理解；第二种含义是从聚落形态上看的，"长安城""北京城"的"城"，都是这个意思；第三种含义则是从社会发展的角度给出的定义，当代汉语中的"城乡接合部""城乡差别"中的"城"，就是这个含义。

由于考古学的研究对象是遗址，故一般以"城址"一词称呼这类带有围墙等圈围设施的聚落遗址。

"城邑"不限于用城垣围起的聚落，圈围设施还包括环壕、栅栏和部分利用自然天险（如断崖、峭壁、冲沟、陡坡等）构筑的各类工事。从考古发现看，圈围设施多为复合式的，如垣墙有土筑、石砌和土石混筑，其外又往往辅之以壕沟，壕沟则有水壕、干壕之分。此外，还应有栅栏、尖桩等有机质障碍物，可惜这些都难以发现；部分利用自然天险如断崖、深切河道和冲沟等则颇为常见，尤其多见于山城。为什么要强调"部分利用"呢？因为如果是全部利用自然天险，那就没有任何人工遗迹，也就与城无关了。

那么，为什么有些聚落要围起来？主要有两大原因：第一是区隔，第二是防御。区隔是有亲族关系的氏族、部落等集团之间，为区分各自的居住活动区而建的围子。这类小城防御设施偏弱。更多的是为了防御，防御又可按防范对象大致分为防洪水、防野兽或是防敌人，社会复杂化程度越深，防人的城越多。

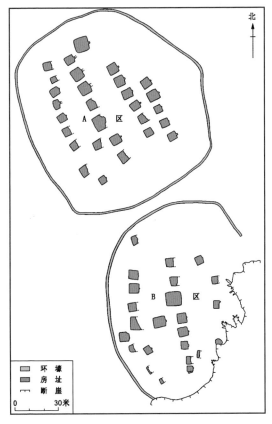

内蒙古林西白音长汗遗址的"双子座"环壕与房址（据内蒙古所 2004 改绘）

关键词②：城市、都邑

刚才介绍了"城"的三种意思，还比较好理解。我们再看《现代汉语词典（汉英双语）》给出的这三种解释的英文，问题就大了：一是"城墙（city wall）"，二是"城墙以内的地方（within the city wall）"，三是"城市（跟'乡'相对）（town, city, urban area, metropolis）"（社科院语言研究所词典编辑室 2002）。城墙就是城墙，就是个围子，它围起来的聚落可能是个城市，也可能是个村落。所以，下面几个道理要讲清楚：

城与围不围有关，与城市并不正相关

《现代汉语词典》给出的是 city wall（城市的墙），城墙以内的地方也是 within the city wall。难道只有城市才能有墙吗？这当然是不对的。二里头遗址所在的河南洛

阳偃师区二里头村，几十年前还残留着清代至民国时期为了防土匪而砌的寨墙、挖的寨壕，它是一座小城邑，但绝不是城市。

在东亚大陆的历史上，城址林立的时代一般也是群雄竞起、战乱频仍的时代，如龙山时代和春秋战国时代。但即使在这两个时代也还都见有没筑城墙的城市遗址。而大凡存在有国势较强的广域王权国家或帝国、社会相对稳定的时代，设防都城的比例也相对减少，如二里头至西周时代和秦汉时代。可知包括城墙在内的圈围设施的有无，与聚落的性质之间并无必然的关联。

因此，我们要给《现代汉语词典（汉英双语）》纠错，即，用 city（城市）来界定 wall（墙）是不对的。可以说——

城市与城墙无关，与国家有关

众所周知，"城市"已是抽象的概念而非具体的考古现象。我们不能指着哪栋建筑、哪件器物说这就是城市，它是对一种特殊聚落的归纳和定性。

前述"城"的第三种含义用来借指城市，从语源上就可以明显看出中国古代城市与防御设施（城垣）的密切联系。但我们要指出的是，尽管后来的中国古代城市一般都有城墙，但在中国城市发展的早期阶段，并不是所有的城市都有防御设施（城垣）；同样，也并不是所有的拥有防御设施的聚落（城邑）都是城市。所以，考古学术圈一般不采用中文"城"这个概念的第三种含义，也就是不用"城"来指代城市。因为"城邑"（围子）与"城市"是应当做严格区别的。

这样，考古发现的城址，就包含有城市遗址和非城市遗址（如军事城堡、设防村落等）两种。而城市遗址，也

非城市类城址：甘肃敦煌汉代驿站悬泉置遗址（吴建摄，如姬 2018）

分为拥有圈围设施的聚落（城邑）和没有圈围设施的聚落（非城邑）两种。

那么，如果城墙等不是城市的决定性标志，城市的标志是什么呢？是内涵而不是外在形式。前面我们讲过，城市是一种区别于乡村的聚落形态。它比村落相对晚出现，仅见于人类社会发展的高级阶段，也就是国家产生之后的阶段。城市的本质特征是：较大规模的聚居，居民构成复杂化，往往是区域或社会组织的中心。这个对城市的定义，应该可以涵盖古今中外的所有城市，而且能够包含其诞生期的特征。

试着给城市下定义

一、作为国家及其分支机构的权力中心而出现，具有一定地域内政治、经济和文化中心的职能；贵族与王者作为权力的象征产生于其中，在考古学上表现为大型夯土建筑工程遗迹（包括宫庙基址、祭坛等礼仪性建筑和城垣、壕）的存在。

二、因社会阶层分化和产业分工而具有居民构成复杂化的特征，非农业生产活动的展开（非农业人口的出现）

使城市成为人类历史上第一个非自给自足的社会（外部依赖型社会）。

三、人口相对集中，但处于城乡分化不甚鲜明的初始阶段的城市，其人口的密集程度不构成判别城市的绝对指标。（许宏 2017）

关键词③：城郭、宫城与皇城

城郭之别：围起全民还是一小撮？

郭，《现代汉语词典（汉英双语）》释义为"古代在城的外围加筑的一道城墙"。从聚落形态上看，郭是圈围起整个聚落的防御设施。郭有大城、郭城、外城、外郭城等不同的称呼。相对于外郭，城郭中的"城"又被称为小城、内城，指的是被圈围起的聚落的一部分空间。

那些被圈围起的部分聚落空间，往往具有特殊的功用。在早期都城遗址中，它们多为贵族或统治者所有，属于一般意义的官殿区，所以这类封闭性区域也往往被称作宫城。城与郭的成熟形式，常见于社会复杂化之后的国家社会，最后形成了"筑城以卫君，造郭以守民"（《吴越春秋》）的国家形态下的都邑功能分区。

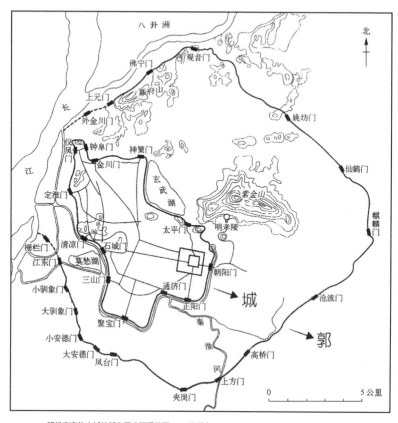

北

八卦洲

佛宁门　观音门

幕府山
上元门
外金川门　　　　　　　　姚坊门

仪凤门　钟阜门　神策门　　　　仙鹤门

金川门
玄武湖　　　　紫金山

定淮门　　　　　　麒麟门

栅栏门　清凉门　太平门　明孝陵

江东门　　石城

莫愁湖　　　　　朝阳门

小驯象门　三山门　通济门

大驯象门　　　正阳门　　　　　沧波门

聚宝门　　秦　　　　**城**

小安德门　　　　淮

大安德门　凤台门　河　高桥门　　**郭**

夹岗门　　上方门

长
江

0　　　　　　5 公里

明代南京的内城外郭布局（据潘谷西 2009 改绘）

宫城与后起的皇城

小城、内城之类的名称，是从规模或空间位置的角度给出的命名，虽然模糊，但具有很大的包容性；而宫城的命名，则是从属性的角度给出的，意义明确但具有较强的排他性，使用时反而容易引发异议。如果一定要用宫城这一概念，就要考虑到它应有广义、狭义之分。广义的宫城即小城或内城，它包含了与宫室有关的各种建筑、手工业作坊等附属设施、贵族府第，甚至一般居民点和空地（苑囿）等；狭义的宫城则是指用宫墙围起的、含有宫殿区内主体建筑（一般为宗庙、寝殿所在）的大的院落。小城、内城、宫城在称谓上的混乱，由来已久且持续至今。如果稍加整合，内城（小城）可以定义为等于或包含宫城，相当于广义的宫城，在汉魏之后逐渐具有皇城的性质。至隋唐时期，以宫廷服务机构和朝廷办事机构为主的皇城区域正式被明确下来。

作为统治者权力中心之禁地不可能是开放的，所以不管有没有外郭城，都城里一定会包含带有圈围设施的封闭区域——"宫城"之类特殊的城。所以，即便是没有外郭城的都邑，也属于广义的城邑的范畴。

这里还有必要对另一个重要概念——"郭区"加以强

调。夏、商、西周时期都邑的布局已经初步具备内城外郭的雏形，但一般没有外郭城城垣（详后）。当时的都邑遗址大都由宫殿区（宫城）及周围的广大郭区（含一般居民区、手工业作坊和墓地等）组成。早期城市中这种有松散的郭区而没有外郭城城垣的现象，在文献中也有迹可循。（许宏 2016A）

西周都邑之一周原聚落分布态势（西周晚期）（湖北省博物馆 2014）

二　城的前史和初史

相关古史大框架

秦汉之后的历代王朝，大家应该都比较清楚。那时已是物质文化史中的铁器时代，文字使用上的历史（信史）时代，国家组织上的帝国时代。

而此前的早期城邑直至早期城市，出现于新石器时代中期（前仰韶时代，约公元前7000—前5000年），历经新石器时代晚期（仰韶时代前、后期，约公元前5000—前2800年）和末期（龙山时代前、后期，约公元前2800—前1700年），以及青铜时代（夏商西周时代至春秋晚期，约公元前1700—前500年）和铁器时代（春秋晚期至战国时代及以后，约公元前500年以后）。

就文字的使用及其影响程度而言，跨史前（prehistory）时代、原史（proto-history）时代和历史（history）时代，即没有文字的时代、文字最初产生尚不起关键作用，或仅有后世追述性文字提及的时代，和文书材料极大丰富的时代。它们的分界处大体在仰韶时代与龙山时代（三皇和五帝时代？），和二里岗文化与殷墟文化之间（确切地说，是殷商王朝的武丁王时期，也即甲骨文出现的时期）。

就社会发展阶段而言，从大体平等的国家时代前的部族社会形态，到初步社会复杂化、多元政体并存的酋邦或邦国（古国）时代，再到多元而有中心的中原广域王权国家时代，和逐渐走向统一的分立集权国家阶段，即夏商周三代王朝直到春秋战国时代。它的进一步发展，则是秦汉大一统中央集权帝国的形成。

我们以下的叙述，都是在这个大框架下进行的。（见附表，许宏 2017）

本书涉及的历史发展阶段示意

分期		绝对年代	主流城邑形态	物质文化		文字使用	社会组织	朝代
前仰韶时代		7000BC-5000BC	环壕城邑	新石器时代	中期	史前时代	部族社会（？）	
仰韶时代	前期	5000BC-3500BC			晚期			五帝（？）
	后期	3500BC-2800BC	垣壕城邑		末期	原史时代	商邦或邦国	夏（？）
龙山时代	前期	2800BC-2300BC						
	后期	2300BC-1700BC						夏／商（？）
二里头—西周时代	二里头时期	1700BC-1500BC	差序都邑（无郭）＋垣壕城邑	青铜时代			中原中心初现 广域王权国家	商前期（？）
	二里岗时期	1500BC-1350BC						商后期
	殷墟时期	1350BC-1050BC	垣壕城邑			历史时代		周
	西周时期	1050BC-771BC						
东周时代	春秋时代	770BC-476BC	垣壕都邑、城邑	铁器时代			分立集权国家	
	战国时期	475BC-221BC						秦汉
秦汉时代		221BC-190AD	差序都邑（无郭）＋垣壕城邑				统一帝国为主	隋唐末元明清等
魏晋—明清		204AD-1911AD	都邑城郭齐备＋垣壕城邑					

城的前史——无城时代

旧石器时代至新石器时代早期（约 700 万—7000 年前）

这里所说的城的前史，指的是无城的时代。

它的上限，可以上溯到人类起源的时代，而人类起源，最宽泛的定义是约 700 万年前，人类与其近亲黑猩猩相揖别。如果从直立人算起，距今也有 200 万~180 万年。在悠长的人类发展的早期阶段，古人类从事着狩猎、捕鱼和采摘野生植物的生活，居无定所，一般是在洞穴中、岩棚

江西万年仙人洞遗址，这里发现了 2 万年前的陶器

土耳其加泰土丘遗址房屋复原

下或在树上筑巢而居。旧石器时代晚期，已有户外遗址被发现。西亚的以色列一带已发现了公元前 1.8 万年前的人类定居地，在那里发现了棚屋遗迹。（保罗·巴恩 2021）

公元前 11500—前 9600 年，西亚幼发拉底河流域的定居村庄已有居民 100~300 人。大致从这时起，人们开始培植植物和驯化动物，逐渐过上半定居和定居生活，活动范围扩展到平原地带，他们在旷野上搭建住所或季节性营地，这就是所谓的旷野居。到了公元前 7000 年前后，有些西亚的前陶（陶器发明前）新石器时代村落的人口可达上千人。（保罗·巴恩 2021）

东亚大陆迄今发现的距今 1 万年前后的早期新石器时代遗址，仍然以洞穴类为主，后来的旷野类居住地，成为人类定居生活的一种全新选择。在河南新密李家沟旷野类遗址，发现了距今 10500 年至 8600 年左右连续的文化堆积，揭示了该地区史前居民从流动性较强、以狩猎大型食草类动物为主要对象的旧石器时代，逐渐过渡到具有相对稳定的栖居形态、以植物性食物与狩猎并重的新石器时代

河南新密李家沟遗址出土陶器残片

的演化历史。（王幼平等 2016）而原始人群从洞穴走向旷野的原因，应是农业已发展到农耕，即因耕作需求而对土地加以管理的阶段。从游荡的猎人到安土重迁的耕者，只有具备长期定居特征并形成聚落群的旷野聚落，才能称得上是村落。

城的初史——小型环壕时代

新石器时代中晚期（前仰韶至仰韶时代前期，约前 7000—前 3500 年）

世界上最早的城

　　世界范围内最早的城址发现于西亚约旦河口附近、巴勒斯坦境内的耶利哥（Jericho），年代在公元前 8000 年前后，城墙和壕沟均由石块垒砌而成，此外还有望楼，这是一处属于前陶新石器文化时代的农业聚落。研究者指出，如此规模的城墙和壕沟的兴建，所需的政治和经济资源规模，是几千年内闻所未闻的。兴建城墙的原因，可能是作为防洪工程或防御工事，防止邻近群落与之争抢稀缺的食物资源。

巴勒斯坦耶利哥遗址全景

　　如果说城邑是人类社会发展到一定阶段的产物,那么它的出现首先是早期人类群团处理人与自然的关系和人与人之间关系的产物。它是伴随着定居和农业生活的出现而初现于世的,它的诞生与后起的城市、文明、国家的出现没有关系。这是一个非常好的例证,说明最初的城不是城市。

东亚最早的城——前仰韶时代环壕

　　迄今所知东亚大陆最早的城址,属于环壕类城邑。这

耶利哥遗址望楼

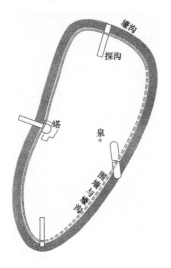

耶利哥遗址城壕布局

批环壕聚落见于浙江境内钱塘江上游的上山文化遗址，如义乌桥头、嵊州小黄山、永康湖西等，上山文化的年代约为公元前9000—前6500年。环壕聚落见于其中晚期，年代在公元前7000年前后。已知桥头遗址环壕围起来的面

上山文化环壕聚落－浙江义乌桥头

上山文化环壕聚落－浙江嵊州小黄山

积为 3000 多平方米，这也是最小的一处环壕，发掘者认
为环壕围起的中心台地应为举行仪式活动的专门区域，生
活区位于其外。（蒋乐平等 2022，陈同滨等 2022）从地理
位置上看，这些环壕聚落也是分布最靠南的一群。从严格
意义上讲，上山文化所在的钱塘江流域系独立的水系，并
不属于长江流域。钱塘江流域上游地区的河谷平原，迄今
为止已发现属于上山文化的有 20 余处遗址，这是迄今所
知东亚大陆最早的出现村落定居的农业社会，而且与稻作
起源、制陶技术的出现在时间上大体共时。

公元前 7000—前 5000 年，是东亚大陆城邑的初现期，
这个时代属于考古学上的前仰韶时代（顾名思义，即仰韶

文化之前的时代）。已发表材料的城邑遗址仅10余处，均为环壕聚落，在北起辽河，南至长江流域、钱塘江流域的广大地域均有分布。除上山文化外，还见于辽河流域的兴隆洼文化、黄河中游的裴李岗文化、黄河下游的后李文化、淮河中下游的顺山集文化以及长江中游的彭头山文化和皂市下层文化。

有学者将东亚大陆史前农业从发生到发展的过程划分为四个阶段：萌芽阶段（约公元前9500—前7000年）、确立阶段（约公元前7000—前5000年）、快速发展阶段（约公元前5000—前3000年）、稳定发展阶段（约公元前3000—前2000年）。"南稻北粟"的格局从农业初始

内蒙古敖汉旗兴隆洼遗址的环壕与房址

湖南澧县八十垱遗址的环壕

阶段就已奠定,最终确立于约公元前7000—前5000年之间。(张居中等 2014)上述这批最早的环壕聚落,即出现于史前农业的确立阶段,而此后农业的快速发展和稳定发展期,与环壕和围垣城邑的发展大致同步,这显现了城邑与定居农业的密切关联。

除上山文化的环壕稍早之外,其他区域环壕聚落最早出现的时间集中于公元前6200—前6000年前后。这批最早的环壕城邑,都相当于新石器时代中期。可以理解的是,这一时期各地定居农耕文化大致同步臻于兴盛,圈围聚落的出现本身也是定居生活兴盛的一种表现。大致的共时性，则表明这种聚落圈围现象应不属于文化传播的结果，而是各自因地制宜、独立发生的。

总体上看，城邑发展的初始阶段具有地广人稀，聚落数量少、城邑规模小（壕内最大面积7.5万平方米），圈围设施基本为环壕等特点，这一时期或可称为城邑发展史上的"环壕时代"。同时，由中国的考古材料也可知，城邑作为防御或区隔性聚落，都属于尚无社会分化迹象的农耕聚落，它们的问世远远早于城市、文明和国家。

仰韶时代前期的环壕

进入仰韶时代前期（约公元前5000—前3500年），史前农业也进入了快速发展的阶段。迄今为止，共发现城邑20余处，主要见于黄河中游及左近地区仰韶文化早中期诸类型，分布最为集中的是自渭河下游的关中至豫中一线。此外，北方地区的内蒙古中南部至东南部以及南方地区的长江中游也有发现。

在属于仰韶文化中期的庙底沟类型兴起之前，仰韶文化的聚落面积还不大，一般在5万平方米左右。其显著特点是在聚落内较明确地划分居住、生产和埋葬区的范围；

居住区往往采取凝聚式和内向式的格局，同时内部已有明确的区划，注重防御设施的布置。

以陕西西安临潼姜寨为例，其居住区居中，周边绕以环壕，壕外之东部和东南部为墓地，公共制陶窑场则位于西南部的河边。居住区内的房屋分为5群，每群都由一座大房子和若干中小型房屋组成。房屋都面向中心广场，形成一个近乎封闭的圆圈。居住区内还有牲畜圈栏和很多窖穴。据推测，环壕内侧可能还有篱笆或寨墙，寨门等处设置有哨所，构成较为完备的防御系统。（西安半坡博物馆等1988）这类拥有共同防御设施或固定界域、以中心广场为核心的内聚式的环形布局应是发达的原始聚落形态的典型模式。

陕西临潼姜寨新石器时代环壕聚落复原（考古所2010B）

三　城池时代的开端

新石器时代晚期(仰韶时代后期, 约公元前3500—前2800年)

大型环壕昭示社会复杂化

在对仰韶文化前期城邑梳理的过程中，可以发现一个显著的现象，即这些城邑中面积在 20 万平方米以上的大型聚落，如陕西西安高陵杨官寨，河南灵宝西坡、北阳平、五帝，三门峡庙底沟和三里桥等都属于前期后段即仰韶文化中期。系统考古调查显示，庙底沟类型的聚落数量、组成结构发生了非常大的变化。各区聚落数量都明显增加，并出现了许多大型中心聚落。种种迹象表明，仰韶文化中期是中原地区复杂社会的肇始。

地处泾、渭两河交汇处附近的西安高陵区杨官寨遗址总面积达 80 余万平方米。位于遗址北区的环壕大致呈梯形，壕内面积 24.5 万平方米。环壕中央有大型水池遗迹，应为一处人工水利设施，环壕外分布着大型墓地。据调查，泾、渭两河交汇地带还有若干同时期遗址，但规模均小于杨官寨遗址，杨官寨遗址应是关中地区庙底沟文化的一处中心聚落。（王炜林等 2019）

陕西西安杨官寨遗址环壕西门址

河南灵宝西坡遗址的两座相互叠压的"大房子"

　　　　　　城的中国史

灵宝西坡遗址位于豫陕晋三省交界地带的黄河南岸铸鼎原上,大型房址、墓地和众多重要遗物的发现,确立了其作为仰韶文化中期核心地区大型聚落的地位。聚落内分布的多座大型房址面积超过 100 平方米,最大的建筑面积近 300 平方米。其规模宏大、结构复杂、建造工艺精致讲究,在同期的房屋中尚属仅见。年代较早的大型房址的门道均指向中心广场。包括大型墓葬在内的墓地规格,也高于同期其他普通聚落,例如随葬玉石钺、象牙器等显现出身份地位的象征物与外来稀有物品的结合。已发现的两道壕沟分别位于遗址南、北两侧,与东、西两侧的河流共同组成聚落的外围屏障,圈围起的面积达 40 万平方米。(李新伟等 2019)中心聚落与一般聚落在社会角色上的差异已相当显著,社会复杂化进程悄然开启。

城墙的萌芽

在讲述与社会复杂化相伴生的城池时代之前，我们先回顾一下上一阶段环壕时代中城墙的萌芽。

垣与壕的孪生关系

在东亚大陆，新石器时代圈围聚落的主流是环壕聚落。壕沟系下挖而成，工作量较垒砌城墙要小，较易完成，所以最初的圈围设施多为壕沟。壕沟内外侧间或发现有堆垒而成的土围或土垄。这种土垄也常见于日本弥生时代的环壕聚落遗址中，日文称为"土塁"。一般为挖壕时对排出土做就近处理所致，与后来具有特定功能的围墙不同，但二者应有渊源关系。下挖成壕与上堆为墙，两者并用即可增加高差，先民应该很早就认识到了这一点。在属于环壕时代的湖南澧阳平原上的澧县八十垱遗址彭头山文化遗存中，就出现了用挖壕时的排出土堆积成土垄（土围）的做法，约当公元前6000年前后，可以看作东亚大陆城墙的最早前身。

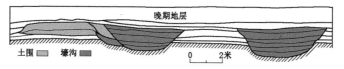

湖南澧县八十垱遗址土围和壕沟剖面（湖南省所 2006）

有些环壕聚落，也许在最初本来有城墙，但遭晚期破坏，城墙已不存在，因而被认定为环壕聚落的情况也应该是有的。此外，作为城墙前身、挖壕时排出土堆垒而成的土垄，其出现时间与环壕的出现几乎同时，都可见环壕聚落与垣壕聚落之间并没有本质的差异。这充分显现了城垣与壕沟的孪生关系。有学者把城墙加环壕这种聚落模式，称为"环壕土城聚落"，似不确切。鉴于环壕聚落也属于城邑，而以往被称为"城"的围垣城邑绝大多数伴有围壕，所以我们称之为"垣壕聚落"或"垣壕城邑"。

地处澧阳平原的湖南澧县城头山遗址，提供了一个从环壕到垣壕聚落的典型例证。这个遗址各时期文化堆积丰富，最早的文化遗存是相当于仰韶时代前期的汤家岗文化（约公元前5000—前4300年）和大溪文化（约公元前

湖南澧县城头山遗址

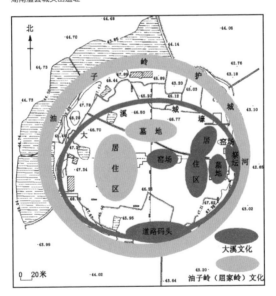

城头山遗址聚落布局演变示意（郭伟民 2010）

4300—前 3500 年）。（湖南省所 2007）

汤家岗文化时期，这里先开挖了环壕，环壕内是居住和生活区，壕内面积约 2 万平方米。在东部壕沟以外，发现了这一时期的水稻田。其后，大溪文化一期开始在汤家岗文化时期环壕的基础上营建城墙和外壕，城圈以内的面积在 5 万 ~6 万平方米。城内分布有祭坛、祭祀坑、墓地和居住区，居住区内可能已存在排房。

大溪文化时期是城头山聚落的空前繁荣时期。此时的城墙进一步扩建；外壕已经与古河道连为一体，城南墙上的通道一带被整修为水陆码头。后来文化遗存的分布范围较此前扩大了许多，城垣的扩建可能与城头山聚落人口的增加有关。推测建城以后，稻田区已转移到城外，城内则成了居民日常生活和其他生产活动区域。

从彭头山文化到汤家岗文化，澧阳平原在经历了近两千年的环壕聚落及其伴生品——土围（土垒）的建造实践后，终于在大溪文化时期，诞生了东亚大陆最早的垣壕结构的城邑。

据研究，著名的西安半坡遗址，最初在居住区的范围内建造有内外两重环壕。原来所谓居住区周围的大围沟就是外壕所在。而在半坡聚落的后期，沿北部原来外壕的外侧口沿，还发现有一条硬土带，现存长度 20 余米，很有可能是夯土堆筑的早期城墙建筑的残迹。（张学海 1999，钱耀鹏 2000）这还有待进一步的发现去验证。

早期的围栅、环壕和城垣等圈围设施尚不具有多少权力（神权或王权）的象征意义，大多是出于区隔或守卫上的需要而构筑的圈围设施。它的有无取决于当时的亲缘组织关系与认同，政治、军事形势，战争的规模与性质乃至地理条件等多种因素。

史上第一个城建高峰

仰韶时代后期（约公元前 3500—前 2800 年），真正意义上的垣壕聚落始见于长江中游地区并兴盛于龙山时代前期（约公元前 2800—前 2300 年）。与此同时，版筑城垣技术初现于仰韶时代后期的中原地区，到了龙山时代后期（约公元前 2300—前 1700 年），黄河中下游地区的垣壕聚落达于极盛。整个龙山时代，庞大的中心城邑开始出现，这是以垣壕为主的城邑营建的第一个高峰期。

仰韶时代后期的城邑，迄今共发现 30 余处。与仰韶时代前期相比，北方地区内蒙古中南部仍有环壕聚落发现；内蒙古东南部至辽西一带，红山文化晚期环壕聚落更为发达。在黄河中游，仰韶文化后期的环壕聚落的分布范围大为缩小，集中发现于豫西至豫中的郑（州）洛（阳）一带，而不见于其他地区。新兴的夯土版筑城墙在该区首次被发现。长江中下游地区在延续环壕聚落的基础上，垣壕聚落开始有较多的发现。

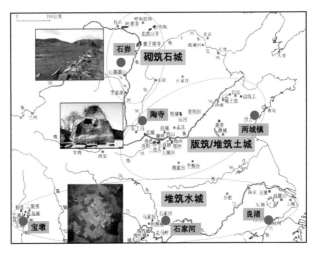

新石器时代东亚城址的三大系统

　　进入龙山时代前期，长江中游地区仍领风气之先，屈家岭—石家河文化系统的城邑垣壕并重，以壕为主，"水城"特色既是区域上因地制宜的产物，又连通环壕与垣壕，具有承上启下的意义。与此同时，河套与晋陕高原地区的"石城"大量出现，令人瞩目。与此形成鲜明对比的是，中原及左近地区在仰韶时代晚期的巩义双槐树和西山等城邑昙花一现之后乏善可陈，直到龙山时代后期才有垣壕聚落的成群出现，形成"土城"群。而从前仰韶时代以来3000多年基本不见城邑的山东海岱地区，开始出现环壕甚至垣壕聚落。龙山时代，是一个风起云涌的大时代。

　　　　　　　　城的中国史

大型中心聚落的出现

　　新近披露的河南郑州地区仰韶文化晚期的多处遗址规模均较大，多有数十万平方米者，所发现的环壕聚落面积也较大。巩义双槐树遗址北临黄河，现存面积达 117 万平方米，发现有仰韶文化中晚期的 3 道环壕。其中发现了 4 处经过规划的墓地，共发现 1700 余座墓葬，此外还有院

河南巩义双槐树遗址地形大势

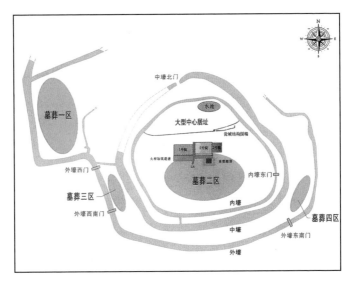

河南巩义双槐树遗址功能分区示意（顾万发等 2021）

落式夯土基址、大型夯土建筑群基址等。发掘者认为双槐树遗址是迄今为止在黄河流域发现的仰韶文化中晚期（公元前 3300 年前后）规模最大的核心聚落。这处中心聚落遗址的周围还有若干中小型聚落形成的较大的聚落群。

前面提及的湖南澧县城头山遗址，在相当于仰韶时代后期的屈家岭文化时期，城墙和外壕又进行了更大规模的扩建，形成了最后的聚落格局。城的中西部是生活区，发现了包括台基式在内的多种建筑和道路。城的北部坡地上开辟了公共墓地。发掘与研究表明，屈家岭文化时期垣壕系统的修建有严密规划，施工有统一的协调与控制。

　　距离城头山 13 千米的澧县鸡叫城是澧阳平原上又一座新崛起的中心聚落，它在环壕聚落的基础上建立起了发达的稻作农业城池系统，水渠与护城河及河道相连通，城墙和护城河外围还有两道环壕。环壕有多重功能，既可以防御自然和人为的侵害，又占尽给排水、灌溉、运输之便。这里发现了多座木构建筑，其中规模最大者系地台式加干栏式，室内建筑面积达 420 平方米，加上外围廊道，总面积逾 600 平方米。（郭伟民 2022）

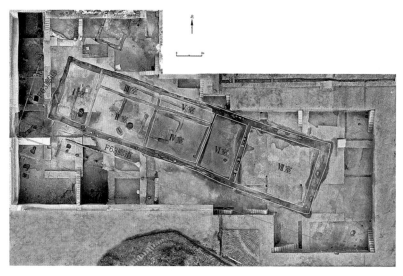

湖南澧县鸡叫城的大型木构建筑

城池时代的开端

地处长江下游北岸的安徽含山凌家滩遗址，素以出土大量精美玉器而著称。遗址面积达 140 万平方米。作为该区域最大的聚落，凌家滩出现了以显贵为中心的专有墓地。但墓地中既有随葬大量精美玉石器的高等级墓，也有只随葬数件遗物的低等级墓，呈现出一种虽已有等级结构但规范程度尚不完善的状况。不规则形环壕圈围起生活居住区，两端与河道相通。大型墓地则位于环壕以外，但有通道连通生活区。遗址周围分布着若干小型聚落。

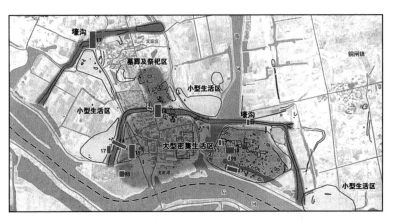

安徽含山凌家滩遗址聚落布局（图中红底白框旁数字表示发掘年份）（吴卫红等 2022）

最早的版筑城墙

郑州西山仰韶文化晚期遗址，与同时期的大型聚落一样，围以两重环壕。外壕为深壕，圈围起的面积达 35 万平方米。令人瞩目的是在内壕的内侧发现了夯土围垣，城垣建造与使用时间约公元前 3300—前 2800 年。这是中原地区乃至黄河流域最早的垣壕结构的城邑。

城垣平面近圆形，直径约 180 米，加上外围的环壕，面积可达 3 万多平方米。值得注意的是，这座城只圈围起了整个环壕聚落的一部分。城内发现大型夯土建筑基址，周围有数座房基环绕，其北侧是一处面积达数百平方米的广场，推测这应是一座功能特殊或等级较高的建筑。城内有集中烧制陶器的场所。此外还有以人奠基和祭祀的现象。种种迹象，或许暗喻着社会层级的分化和权力的存在。

但也有学者在综合分析了西山遗址及其所处环境的基础上指出，西山城应该不是整个文化的中心，而是位于来自淮河下游方向的强大文化即大汶口文化的前沿接触地带，具有防御功能的军事据点。

城墙采用方块版筑法（或称小版筑法）筑成。各版块交错叠压，随高度增加而逐级内收，呈台阶状。较之后世的大版筑法，西山城址所见夯筑法还处于较为原始的阶段，但它在仰韶时代后期，显然是开了版筑城墙技术的先河，此后的城墙版筑技术逐渐呈燎原之势，成为最具东亚特色的一项建筑工程上的发明。东亚大陆最早的以夯土处理地基的实例，则可上溯到仰韶文化初期河南灵宝底董遗址的方形房址。版筑技术从小型房址开始，逐渐被用于更大的筑城工程上来。

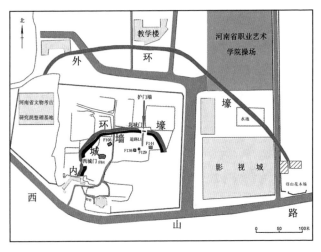

河南郑州西山城址平面布局（张玉石等 2016）

河南郑州西山城址西北隅城墙与外围壕沟

四　　邦国时代的城池

新石器时代末期（龙山时代，约公元前 2800—前 1700 年）

从圆形不规则，到方正规矩

　　纵观东亚大陆从环壕聚落到垣壕聚落的发展历程，可知圈围设施的平面形制有一个从不规则到规则、从近圆形演变为（长）方形的轨迹。

　　如前所述，前仰韶时代至仰韶时代的 4000 余年，可称为"环壕时代"。顾名思义，作为圈围聚落的围沟因地制宜，多呈环形，几乎没有例外。在长江中游地区，萌芽于仰韶时代前期甚至前仰韶时代的土围（土垄），乃至后来最早的围垣如湖南澧县城头山遗址，由于源自挖建环壕而挖出的土的堆积，因而也呈圆形。甚至仰韶时代后期最早出现于中原的夯土版筑城邑——河南郑州西山遗址，仍呈圆形。这又从一个侧面显现了环壕聚落与垣壕聚落的连贯性和不可分割性。

　　在垣壕聚落普遍出现的龙山时代，黄河中下游以外的区域也没有观察到由圆形转为方形的迹象。总体上看，各地区的城墙建造都是因地制宜，是适应当地自然环境与社会环境的产物。如长江中下游多水乡泽国，宽大的壕沟和城垣显然具有行洪防涝的作用。而北方地区的石砌城址，则利用丘陵地带近山多石的条件，垒石成垣。这类城址自然多为圆形和不规则形。长江上游成都平原的城址也系堆筑而成，尽管也有形状略显方正者，但都是沿当地河流山势走向，以接近 45 度角者居多。

众所周知，后世中国古代城市的平面形制基本为（长）方形。有学者指出，方形几乎是中国历史上城市建设规划上的一个根本思想或原则。但细审各地的情况可知，城址平面从圆演变为方的线索比较清楚的是中原地区。（赵辉等 2002）

据最近的考古材料，山东日照尧王城大汶口文化晚期城址可确认的北垣和西垣有接近垂直的交角，复原起来的城址平面呈较规整的长方形。（梁中合 2016）因仅有初步的田野工作的报道，具体信息尚待进一步确认。如果确是如此，这就是年代最早的平面呈较规整矩形的城邑实例。然而，海岱地区龙山时代后期的城邑似乎没有延续这一传统，这一区域龙山时代的城址堆筑与版筑技术互见，虽平面形状多近于规整，但真正规矩方正、秉承夯土版筑技术的城址还是集中出自中原及左近地区，如河南新密古城寨（蔡全法等 2018）、周口淮阳区平粮台（北京大学等

河南新密古城寨城址卫星影像

2022）等城址。

　　方正的城圈，当然首先与平展的地势和直线版筑的工艺有关。但方向最大限度地接近正南正北，追求中规中矩的布局，显然超出了防御的实用范畴，而似乎具有了表达宇宙观和显现政治秩序的意味。由此可知，影响古代中国建筑规划与社会政治思想的方正规矩、建中立极的理念，至少可以上溯到 4000 多年前的中原。而此后，方形几乎

河南周口淮阳区平粮台城址鸟瞰

成为中国历史上城市建设规划上的一个根本思想和原则。

　　从考古发现看，新石器时代的城邑都是因地制宜的产物。从南到北，随着地理环境的变化，城邑的形态也各不相同，大致可分为水城、土城和石城三种类型。

邦国城池之南方篇——水城

以长江中下游为主的江南水乡水网密布，多见"水城"，这类城邑以壕为主，垣壕并重，开挖很深很宽的壕便于行船和行洪防水，多见水门，但这类城大多不能防人，可以看作处理人与自然关系的作品。

良渚文化古城

水城的典范是长江下游的浙江杭州良渚古城（浙江省所 2019A、B）。在达到史前时期社会文化发展顶点，以高度发达的玉器著称的良渚文化中，垣壕设施极为罕见，良渚古城是个特殊的存在。与长江中游地区屈家岭—石家河文化兴建城邑的热潮相比，同时期的良渚文化的创造者，几乎可以称为"不设防的人群"。

地处长江下游、以太湖为中心的沪宁杭地区，水网交织，湖泊众多。肥沃的土壤、丰富的雨量和热量资源为水稻等喜暖需水作物的栽培提供了优越的条件。

良渚文化的年代约为公元前3300—前2300年，在主要分布区总面积约1.8万平方千米的范围内，共发现遗址540多处。良渚文化的大部分遗址都沿用很长时间，说明这一时期并没有什么大的事件造成聚落整体性变迁。这显现了良渚文化社会的相对平和，也为良渚文化聚落缺乏防御设施提供了一个注脚。

良渚文化主要分布区又可划分为古城核心区、水利系统、祭坛墓地和外围郊区等遗存区。由11条水坝构成的宏大的水利系统位于古城北部和西北部，主要修筑于两山之间的谷口位置。核心区面积为8平方千米，外围有人工堆筑、断续相接的长条形高地。

良渚文化中唯一的一座大型垣壕聚落——良渚古城，城墙建造于良渚文化晚期。城址平面略呈圆角长方形，总面积近300万平方米。城墙宽20~150米，高约4米，人工堆筑，下面铺有石块。城墙内外侧多有壕沟。共发现8座水门和1座陆城门。古城内外河道纵横，构成发达的水路交通体系与临水而居的居住模式。

宽达数十米至百余米的城墙上及近旁发现房址、水井、灰坑、排水沟等，城墙外侧有逐渐往外斜向堆积的生活堆

扁担山　　　和尚地

滩山

前山

美人地

里山

郑村

莫角山

高村

仲家山

文家山

杜山

凤山

西杨家村　　东杨家村

卞家山

浙江杭州良渚古城核心区（浙江省所 2019B）

邦国时代的城池

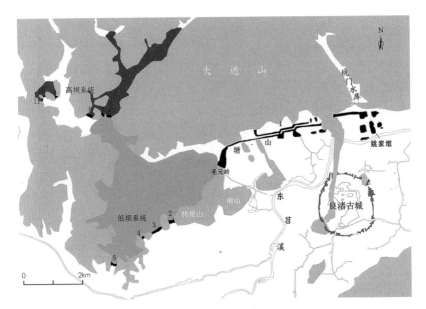

浙江杭州良渚古城外围水利系统（浙江省所 2019B）

积层。这表明城墙具有居高避水的居住功能。此外，众多的水门、陆门等缺口的存在，似乎暗喻着城墙的区隔功能远大于防御功能。在各个方向的城墙上几乎都能看到莫角山土台，城墙又可能兼具"观礼台"的作用。对良渚古城不同于其他区域城址的特殊性，应该给予充分的关注。

莫角山土台位于城内正中心，是一处利用自然地势、部分人工营建的长方形覆斗状土台，高9~15米，面积近30万平方米。这一大型土台，可能是用于祭祀活动的大型

　　　　　城的中国史

礼仪性建筑。土台以西分布着反山等贵族墓地。良渚古城外围发现有瑶山、汇观山等祭坛遗址，废弃后成为重要的贵族墓地。核心区之外还分布有100余处规格不同的良渚文化遗址，组成特大遗址群，应是更大范围内的一个中心。

良渚遗址大莫角山高台建筑复原

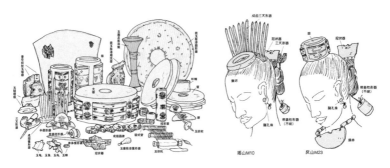

良渚贵族墓以玉器为主的随葬品组合及装饰方式（方向明 绘）

屈家岭—石家河文化古城

　　长江中游的腹心地带，以江汉平原和洞庭湖平原为中心。这一区域山地、丘陵、平原、盆地等地形相间分布，

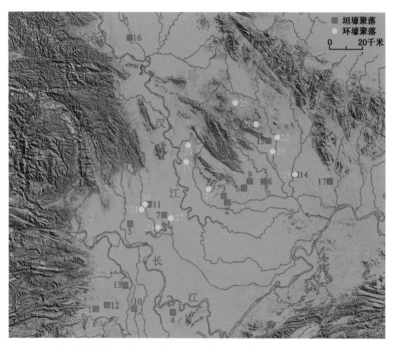

长江中游屈家岭—石家河文化时期城邑分布（据考古所等 2019 改绘）

1. 城头山　2. 龙嘴城　3. 石家河　4. 走马岭　5. 阴湘城　6. 笑城　7. 城河　8. 门板湾　9. 陶家湖　10. 青河城　11. 马家垸（院）　12. 鸡叫城　13. 鸡鸣城　14. 叶家庙　15. 王古溜　16. 凤凰咀　17. 张西湾　18. 土城　19. 边畈　20. 屈家岭　21. 叶家湾　22. 余家岗　23. 寨子山　24. 光华　25. 黄土岗　26. 金鸡岭　27. 荆家城　28. 杨家嘴　29. 晒书台　30. 黄家古城（？）

平原上河流纵横，湖泊密布，土壤天然肥力较高，大部分地区适于稻作农业发展。从屈家岭—石家河文化聚落的分布上看，以从山地向平原过渡的交界地带遗址较多。有学者估计屈家岭—石家河文化时期的遗址数量各自可达近千处。这应是相当保守的估计。最令人瞩目的是，包含大型中心聚落的垣壕聚落和环壕聚落相对集中出现于上述遗址群分布的区域，数量近 30 处，其中不乏面积在 10 万平方米以上的大型遗址。大部分城址兴建于屈家岭文化时期，并延续使用至石家河文化阶段，约当公元前 2800—前 2100 年之间。（湖北省所 2015，郭伟民 2022）

进入屈家岭文化时期，位于汉东地区（汉水以东、长江以北区域）的湖北天门石家河区域，开始形成分布范围达 6 平方千米的聚落群。石家河文化时期，石家河大城及其周围形成了更大的聚落群，遗址分布十分密集，总面积约 8 平方千米。（方勤等 2021）

石家河城址坐落于遗址群中心部的东、西两条河之间，呈不规则长方形，由堆筑城垣和外壕组成。环壕围起的面积达 180 万平方米，城垣内可使用的面积在 120 万平方米左右。城址东、南城垣之间存在的一段宽约 75 米的缺口，应属人为设置的进出城址的通道。或许像有的学者推断的那样，因为那里需要过水，可能是用栅栏或篱笆一类的障

碍物代替城垣起防护作用。初步估算环壕的出土量当在 50
万立方米以上，而堆筑城垣本身就要 1000 人工作 10 年才
能完成，同时还要有 2 万~4 万的人口才能供养这 1000 人。

城内分别发现有应属建筑遗存的大面积红烧土堆积、
墓地及集中出土陶塑、红陶杯的地点，显然已有建筑居住

湖北天门石家河遗址核心区的城壕布局（孟华平 2019）

区、墓葬区及祭祀活动区等区分不同功能区的规划。城址中部一带居住区面积广大，房址分布密集；城址内西南部有以烧制红陶杯为主的专业窑场；城外西部的印信台揭露出 5 座人工堆筑的台基，应该属于多次进行祭祀活动的特殊场所。

城外四周分布着 20 余处聚落点，多位于大小台地上，有的还成群分布，可知城外也有成片的居民区。像石家河这样的特大型聚落群体半径可达 10 千米，稍小一些的聚落领地半径在 7~8 千米，再小一些的则在 2 千米左右。

从考古发现的情况看，长江中游的屈家岭—石家河文化的上述城址的城墙都是平地起建，不挖基槽，都采用堆筑法，不见版筑的痕迹。这种构筑法应该主要与当地的土质有关。长江中游地处暖温带，在地质学上属于中等风化区，土质硬，黏度大，与北方较为松散的土质不同，容易凝结。与此相应，这种建筑技术显现出了较强的地方特色。

这些城址以壕为主，墙垣与环壕并重，环壕在其防御设施中仍起主要作用。遗址大多利用自然河道辅之以人工挖掘的壕沟构成防护圈，这些壕沟一般较宽，除防御外，大概还兼具运输和排洪的作用。相比之下，城墙则都是平地堆筑而成，仅经过简单夯打，剖面多呈拱形，坡度较缓，例如石家河城址的墙体坡度仅 25 度左右。这样的城墙如果不与环壕配套使用，是很难起到有效的防御作用的。实际上这些城垣应只是挖壕时对排出土做一定的处理所致。在石家河城址的城防工程中，真正完全闭合而起到防御作用的仅有环壕，环壕外侧散布着的一系列人工堆积而成的土台土岗，上面很少有人类生活遗存，显然是开挖壕沟时堆土而成。因此，这种以壕为主、垣壕并重的建筑风格一方面是因地制宜的产物，同时可以看作古代东亚大陆从环壕聚落到真正的垣壕城邑转变过程中的一种中间形态，在建筑技术上还不很完善。有学者甚至认为这些城址的功能就是防洪。

湖北天门石家河城址西城墙及环壕，墙缓壕宽

邦国城池之黄淮篇——土城

黄淮流域的城邑，在龙山时代后期明显可分为中原地区和海岱地区两个组群。其中中原地区指黄河中游及淮河的最大支流颍河上游区域。这一地处黄土地带的区域盛行夯土筑城，这里最早发明了版筑技术，进入龙山时代后期，一批"土城"被集中兴建起来。

陶寺文化古城

这些"土城"的典型代表，是属于晋南地区陶寺文化的山西襄汾陶寺遗址。（何努 2022）

依目前的认识，陶寺文化的年代约公元前 2300—前 1900 年之间。存在了大约 400 年的陶寺文化，又被分为早期、中期和晚期三个阶段，这一文化的大型中心聚落陶寺遗址的聚落形态，随着时间的推移也有重要的变化。

陶寺遗址坐落于崇山向汾河谷地过渡的黄土塬上，遗址西北面向临汾盆地，呈大缓坡斜下，东北侧的南河应是古河道。遗址总面积可达430万平方米，而圈围面积达280万平方米的大城兴建于陶寺文化中期。

目前可以确认的陶寺文化早期的圈围设施，是面积近13万平方米的"宫城"（发掘者认为是城墙基槽，不排除环壕的可能性），以及其近旁零星的夯土墙遗存。在它们的南方，还发现了面积达4万平方米的大型墓地，使用时间与居址相始终。已发掘的1300余座墓葬中，近90%是仅能容身、空无一物的小墓，近10%的墓随葬几件乃至一二十件器物，不足1%的陶寺文化早期大墓各有随葬品一二百件，有彩绘陶、木器、玉或石制礼器和装饰品以及整猪骨架等，应是当时"金字塔"式社会结构的反映。

山西襄汾陶寺遗址全景

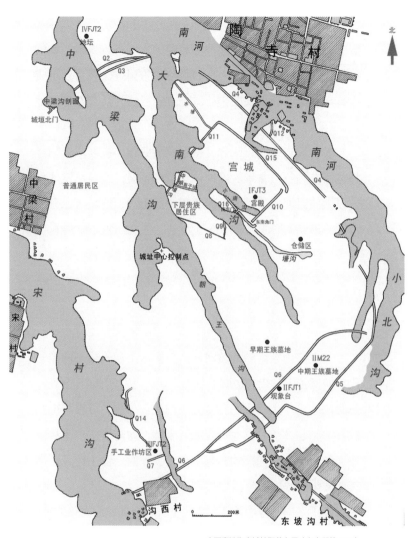

北

IVFJT2
地坛

中
梁
沟

Q2
Q3

南
河

大

陶
寺
村

南
河

城垣北门
中梁沟剖面

Q4

普通居民区

南

中
梁
村

宫城

Q11

Q12

Q15

沟

IFJT3
宫殿

Q16

Q10

Q4

南
河

下层贵族
居住区

小
南

城址中心控制点

Q9
Q8

沟

东南角门

仓储区
壕沟

宋
村

村

朝

早期王族墓地

IIM22
中期王族墓地

王

Q6

IIFJT1
观象台

Q5

小
北
沟

Q14

沟

IIIFJT2
手工业作坊区

Q7

Q6

沟西村

200米

东坡沟村

山西襄汾陶寺城址聚落布局（考古所等 2018）

到了陶寺文化中期，"宫城"西北可能新挖建了排水渠，圈围起"宫城"和大型墓地等遗存的大城得以兴建。城的南部还发现了圈围起同时期大墓等遗存的小城。陶寺遗址成为黄河中游一带最大的中心城邑，一般认为具有都邑的地位。

考古调查表明，陶寺文化聚落的分布，主要限于陶寺都邑所在的临汾盆地。盆地位于汾河下游，迄今已发现百处以上同时期的遗址。从面积和内涵上看，遗址可以分成不同的等级，形成以陶寺都邑为中心的多层次的聚落群。

豫中及左近诸文化古城

在太行山东南麓的黄河两岸至颍河上游一带，仰韶时代后期至龙山时代各地城邑纷纷出现，已发现有 10 余处。此时恰值已产生严重的贫富分化和社会分化、征服与掠夺性战争频起的新石器时代晚期至末期，城防设施多是战争冲突和社会分化的产物。其中，属于豫西、豫中地区王湾三期文化的城邑最多。

嵩山东南的豫中地区，共发现 300 余处龙山文化遗址。其中错落分布着 20 余处大、中型聚落，应是各小区域的中心聚落。这些中心聚落中又有6处是垣壕聚落或环壕聚落。每个聚落群都由面积在10万~20万平方米的中心聚落和若干面积在数千至数万平方米的小型聚落组成。所有中心聚落都位于河流附近，彼此之间的距离在20~60千米之间，平均距离40千米，平均控制区域面积达1200多平方千米。聚落群之间往往有遗址分布稀疏的地带，表明这些共存的政治实体似乎有一定的疆域限制。大致等距分布的中心聚落和防御性设施的存在，显示这些政治实体具有分散性和竞争性。

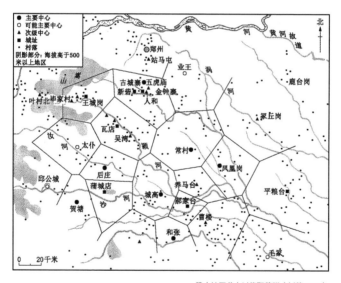

豫中地区龙山时代聚落群（刘莉 2007）

推测这些城址的主要存在时间集中在公元前 2100—前 2000 年前后。而对这些城邑大体同时出现的历史背景的解释是，为了抵御来自其他集团尤其是东夷集团的侵袭，正在崛起的华夏集团的东部一带一定区域内的中心聚落或重要聚落筑城自卫，于是这些城邑应运而生。

总体上看，中原及其邻近地区的这些城址均为夯土城垣，一般坐落于平原地区的近河台地上，地势都较周围略高。平面形状虽不尽相同，但基本上都近（长）方形。城垣的构筑一般采用堆筑法，平地起建或挖有基槽，个别城址已使用版筑法。城内都存在有较丰厚的同时期文化堆积。城址面积从 3 万平方米到 30 余万平方米不等。考古学文化谱系的研究表明，这些聚落群分别拥有不同的文化背景和传统，而大量的杀殉现象、武器的增多和一系列城址的发现又表明它们之间存在着紧张的关系，冲突频繁地发生。

大汶口—龙山文化古城

位于黄淮流域下游、华北平原东部的今山东省及其邻境地区，以其独特的地貌特征构成了一个相对独立的地理单元。这一地区西部以广袤平坦的鲁西、豫东平原与中原

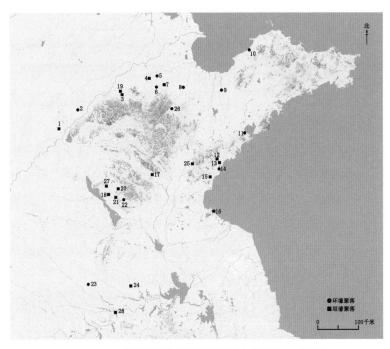

海岱及周边地区新石器时代城邑分布（据孙波 2010 增补改绘）

1. 景阳冈　2. 教场铺　3. 城子崖　4. 丁公　5. 李寨　6. 后埠　7. 桐林　8. 边线王
9. 逄家庄　10. 老店　11. 南营　12. 丹土　13. 两城镇　14. 苏家村　15. 尧王城
16. 藤花落　17. 防城　18. 庄里西　19. 焦家　20. 岗上　21. 西康留　22. 建新
23. 尉迟寺　24. 垓下　25. 薄板台　26. 西朱封　27. 西孟庄　28. 禹会村

相接，向中原地区呈开放之势，这无疑便利了其与中原地
区间以包括战争在内的不同方式的双向交流。继大汶口文
化之后，海岱龙山文化时期，这两大地区群团间持续的相
互交往与同步竞争发展，奠定了黄河中下游地区的某些族

群率先向国家和文明社会转化的基础。

继大汶口文化晚期该区偏南地域出现环壕和垣壕聚落后，进入龙山文化时期，城址在较广大的范围内都有发现。总体上看，海岱地区的城址形状多数不甚规整，均为平地起建，垣壕相连，由于筑城技术以堆筑为主，城垣一般并不高大，要靠垣壕结合才能起到防御作用。大多数城址存在 2 至 3 层圈围设施，基本上为先后关系，反映了城址持续扩大的事实。这些城址大都有围绕自身的聚落群，均属于聚落群内的中心。临近中原的城址如山东阳谷景阳冈、滕州庄里西，江苏连云港藤花落等存在方块版筑城垣的技

山东邹平丁公遗址出土龙山文化陶文

术，应该就是与中原地区交流的结果。而与中原相比，城址延续使用时间较长。海岱地区包括龙山城址在内的整个社会的成长得益于持续的比较稳定的社会环境。这构成了海岱地区龙山文化城址的一个重要特色。（孙波 2020，栾丰实 2022）

在上述城邑中，五莲丹土遗址曾出土过玉钺、玉璧、玉戚等多种玉质礼器，代表了龙山文化制玉的最高水平；其他城址里也有若干高等级遗存发现。邹平丁公城址内所发现的陶文达 11 字，一般认为其已超出了简单的标识功能，应是一件完整的文书。（许宏 2021）阳谷景阳冈城址内出土刻文陶片的刻文残存 3 组，系表述某种信息的文字的可能性较大。而陶文出土于面积较大的城址之内的事实，对于认识这些城址的社会意义是大有裨益的。总体上看，城址的出现，标志着聚落结构的层次增多，中心聚落的作用得到强化，其统辖和管理的功能日益凸显，由此表明社会的复杂化程度进一步加深。

邦国城池之北方篇——石城

从中原再向北的晋陕高原至河套地带，地表多见裸露的岩石，原始先民就地取材，以石砌墙，形成"石城"。

阿善—老虎山文化古城

进入龙山时代，气候开始逐渐变冷，对中原以北地区的史前文化产生了极大的影响。阴山以南至南流黄河两岸的河套一带至陕北地区，在此期逐步形成了一个相对独立的文化圈。两种独具特色的文化遗存先后形成，一是河套附近地区的阿善文化，年代跨越仰韶时代到龙山时代前期，陕北地区同期也有类似的文化遗存；二是内蒙古中南部从岱海、黄旗海到河套地区的老虎山文化，年代相当于龙山时代前后期之交（绝对年代或可上溯至公元前 2500 年）。（韩建业 2003，戴向明 2016）

属于阿善文化的石城址可分为相对集中的两群，一是河套东部大青山南麓，一是南流黄河两岸。总体上看，这类城址的城垣一般系采用天然石块错缝垒砌而成，或以黄土筑成而外包石块，石块间再填充碎石块或黄泥以加固，墙宽 1~5 米，其筑法与现代农村垒砌普通石墙相差无几。可以认为筑城工程所需劳动量完全可以由该聚落内的居民自己承担。大部分城址是用石墙将整个遗址全部圈起，也可以说明城垣是出于保卫该聚落全体居民的安全而兴建的公益性工程。同时，该区域围以石墙的遗址较为普遍，成串密集分布，彼此间虽有规模上的差别（从不足 1 万平方米到 10 余万平方米，较大者如内蒙古凉城老虎山城址等可能是一定范围内的中心聚落），但内涵上大致相同，无严重的贫富和社会分化现象。可以认为，这些石城址属设防聚落群，是集团间征战的产物。

这类山地性石城址分布在不便于生产生活的险峻地带，带有浓厚防御色彩，多被认为是由于气候趋于干冷、环境恶化、资源紧缺、生存压力加剧，进而导致社会群体间紧张关系加剧的产物。

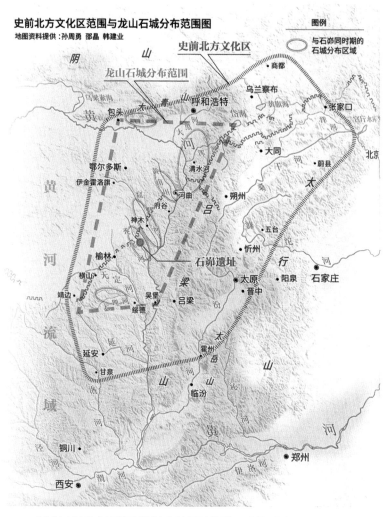

史前北方文化区范围与龙山石城分布范围图

地图资料提供：孙周勇 邵晶 韩建业

史前北方文化区

龙山石城分布范围

石峁遗址

图例

与石峁同时期的石城分布区域

史前北方文化区与龙山时代石城的分布（《中国国家地理》2017年第10期）

石峁文化古城

　　到了龙山时代后期，老虎山文化为石峁文化（约公元前 2300—前 1800 年）（孙周勇等 2020A）所替代，其分布范围包括陕北、晋中北和冀西北在内的北方地区的大部。总体上看，以石城址为代表的这类文化遗存的重心有逐渐南移的趋势：偏北的内蒙古中南部定居农耕文化聚落群消失，农业文化南退到了鄂尔多斯及陕北地区，这一带聚落遗址的数量有明显的增多。

　　目前，见诸报道的晋陕高原的石城址已有数十处。进入龙山时代后期晚段，这一地区聚落形态上最令人瞩目的是陕西神木石峁大型城址的出现。（陕西省院 2016）神木县地处黄土高原与毛乌素沙漠过渡地带，石峁遗址位于黄河一级支流秃尾河畔的黄土梁峁和剥蚀山丘上，地表沟壑纵横，支离破碎，海拔 1100~1300 米。石峁遗址早年即以出土大量玉器而著称。

　　由外城、内城和其内的"皇城台"组成的大型垒石城址，总面积逾 400 万平方米。"皇城台"是四周以石块包砌成阶状护坡的台城，大致呈圆角方形，台顶面积 8 万余平方米。内城以"皇城台"为中心，沿山势砌筑石墙，大致呈东北—西南向的不规则椭圆形。外城则依托内城东南部的墙体，向东南方向扩筑出一道不规则的弧形石墙，构成又一相对独立的区域。城墙多处跨越沟壑，形成相对封闭的空间。内城和外城的城内面积分别为 210 余万平方米和 190 余万平方米。

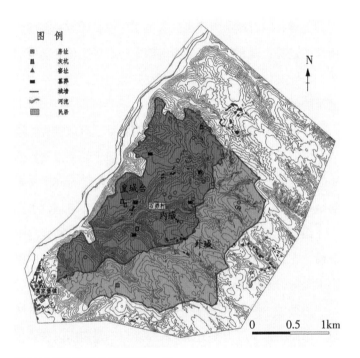

陕西神木石峁遗址平面布局（孙周勇等 2020B）

　　　　城的中国史

陕西神木石峁遗址外城东墙与城门

石峁遗址"皇城台"全景

邦国时代的城池

石峁遗址"皇城台"砌于护墙上的石雕（山西博物院 2020）

"皇城台"和内、外城的城墙上均发现了城门及墩台、瓮城类附属建筑，"皇城台"东门址发现有广场。外城城墙上还发现了疑似"马面"、角楼等设施，显现出较强的防御色彩。

已发掘的外城东北部的门址位于遗址内最高处，地势开阔，位置险要。整个门址由"外瓮城"、两座包石夯土墩台、曲尺形"内瓮城"和"门塾"等部分组成。城墙范围内发现有多处集中分布的居住区、陶窑和墓葬区，遗物几乎全属龙山时代晚期和二里头文化时期。从城墙的层位关系和出土遗物可确认城址始建于龙山时代中期或略晚，毁弃于二里头文化时期。这是一处超大型的中心聚落，在北方文化圈中应占有核心地位。

与神木石峁大体同时的大中型石城，还见于黄河东岸的山西兴县碧村（约公元前 2000—前 1700 年）。碧村遗址地处黄河与蔚汾河的交汇处，总面积约 75 万平方米。近年的考古工作确认，该遗址是一处具有内外双重城墙的石城聚落，在其核心区小玉梁地点发现了以大型五连间房址为核心的石砌建筑群，在距其 1 千米的城墙圪垛地点发现大型城门和城墙。城门形制规整，结构严密，防御特征突出。遗址范围内也曾出土大量玉器，表明该石城址应是一处中心聚落。（张光辉等 2021）

山西兴县碧村石城址远景

　　这一区域系气候变化的敏感地带，也是先秦时期农业和畜牧各种类型文化频繁接触交错分布的地带。这一早期石城址分布的区域，与后世的长城有极大的重合度，有学者称其为"前长城地带"。

城的中国史

五　　城市、国家与文明

语源同胎，一体三面

由上面的叙述可知，城邑的发展与社会复杂化密切相关，对于城邑与城市、文明、国家的关系，有必要做初步的阐释。

"文明"一词，是英语 civilization 的译语。而该英文词的语源，则是拉丁语 civilisatio，意为"城市化"。Civilisatio 与 civitas（城邦、国家）一样，又都是由拉丁语 civis（市民）派生出来的。因此，文明（civilization）的原意就与城市和国家有关，三者间的关系由此可见一斑。

关于国家与文明形成的考古学探索，属于社会考古学的范畴，而社会考古学的最重要的支柱则是聚落形态研究。在人类农耕聚落形态演进的过程中，从均质的村落一种形态孕育出城市和村落二元结构，是一场具有划时代意义的变革。

我们认为，文明、国家和城市这三个在含义上有密切关联的概念，是从不同的角度对同一历史现象所做的解释。

著名考古学家、哈佛大学教授张光直指出："国家、文明和城市化不仅从一开始就同时出现，而且在任何情况下，它们相互影响，从而导致了它们的出现……贫富分化、城市化和国家关系是文明的三个必要的社会决定因素。"（Chang 1980，中文版见，张光直 2013）可以说，文明，是人类历史发展的一个高级阶段，是阶层分化、国家产生之后的人类文化的存在方式。而国家，是文明时代特有的社会组织形式，存在有强制性的统治与管理机构（权力中心）的社会。城市，则是文明时代特有的、与国家相应的

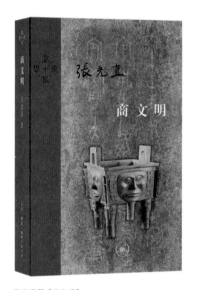

张光直著《商文明》

高级聚落形态，是国家的物化形式。

世界各区域早期文明史研究表明，从农业文化中诞生的第一批城市，无一例外都是权力中心，或可称为"王权城市"（伊东俊太郎1988）或都邑。中国的情形更是如此，"政治性城市"是贯穿整个古代史的主流城市形态。如果用一句话来概括，早期城市（都邑）就是人口相对集中、居民成分复杂的国家权力中心，且在单纯的工商业城市出现前，它是唯一的形式。城市的政治、军事职能一直占主导地位，经济职能则不断增强，这是贯穿先秦城市发展过程的一条主线。完全脱离了政治军事中心的、单纯的工商业都市在先秦乃至秦汉时代尚未出现。有学者认为，以商业为主体的城市要晚到宋代以后才兴起，中国古代城市尤其是早期城市具有浓厚的政治中心的色彩，是"政治领域中的工具"。作为国家权力中心的都城，当然是这类城市的重中之重。因此，先秦城市在不同时期的变化，主要取决于社会组织乃至国家形态的变化。

需要指出的是，在中国，绝大多数学者认同把"文明（civilization）"做狭义的理解和把握，指的是人类社会的进步状态。进而，多数学者赞同恩格斯"国家是文明社会的概括"的论断，把国家的出现作为文明社会到来的主要标志。上面我们所说的文明，都是这种狭义的"文明"。

但关于文明的定义，在全球学术界还是个极具争议的话题，几乎可以说，有一百位学者就有一百种关于文明的定义。总体上看，关于文明，最广义的定义就是把它看作文化（culture）的代名词，即，只要人类诞生并有了文化，也就有了文明。在这一语境下，文明被分为不同的发展阶段或样式，如狩猎采集文明、农耕文明、青铜文明、国家文明、工业文明、信息文明、智能文明等等。介于人类出现和国家出现这两个最广义和最狭义之间，还有将文明的上限定在用火、艺术或农业的起源等提法。这都是正常的学术讨论和认知。只要逻辑自洽，这些林林总总的提法和主张都是可以成立的。

人类的进化过程，也就是不断文明化的过程

从遗存寻城市，从城市寻国家

著名考古学家、英国剑桥大学教授科林·伦福儒指出："早期国家社会一般表现为特有的都市聚落形态，其中城市是最重要的部分。"（Colin Renfrew et al. 2020，中文版见，科林·伦福儒等 2022）从这个意义上讲，城市（都邑）是早期国家最具代表性的物化形式。如果可以通过聚落的层级来确认国家的存在的话，那么我们能够看到的一个现象是，较低的聚落层级即一般村落在国家社会之前早已存在，直至今日仍是构成当代中国社会的最重要的细胞。秦汉以后，中国定居农耕村落的结构与内涵并没有本质的变化。人类社会在进入社会复杂化或文明化阶段，真正可以作为每个时代社会与文化发展标志物的，都只能是居于当时社会结构的金字塔塔尖的高级聚落形态——中心聚落或城市（都邑）。

辨识、论证城市（都邑）这种高级聚落形态的出现，又需要对其中诸多与社会复杂化相关的考古学现象也即文

良渚古城莫角山土台营建场景复原

明的物化表现等进行深入的分析与探究。这些文明的物化表现包括遗迹如大型建筑以及城壕类工程、大型墓葬墓地、各类手工业作坊，遗物如各类以稀缺资源为原料制成的礼仪用品和奢侈品，以及遗物上的文字刻符和纹样母题。所有这些考古学现象构成城市（都邑）的内涵。通过对它们的辩证分析，可以讨论城市（都邑）这种特殊聚落形态的存否，而以城市（都邑）的出现为切入点，才可能对当时的社会状况有总体的把握，探讨国家与文明形成的实态。

容易理解的是，作为一种特殊的聚落形态，城市并不具有与青铜器、文字、礼仪建筑、大型墓葬等考古学现象相同的属性，它是一个抽象的集合体而非具体的遗迹或遗

城的中国史

物。城市是个大容器，而不是具体的"物"，是我们推论而来的，而非直接以视觉和触觉感知到的。因此，它与具体的遗迹和遗物，并不属同类项，也就不能作为文明的"标志""因素"或者物化表现而与相关的遗迹和遗物相提并论；反之则存在论证上的逻辑问题。当下，学术界也正在摒弃所谓"博物馆清单"式的文明观。

同时，城市（都邑）又是具体的。"具体"在它是各种所谓的文明要素或其物化表现的总成与集合体。不能想象这些物化表现零星出现于一般村落而可以证明文明社会的存在和文明时代的到来。诚如著名考古学家徐苹芳教授指出的那样，"文明要素，可以先后出现在各个地区的不同的文化中，但是，一个文明社会的产生却必须是诸文明要素出现在一个文化里。更具体点说，就是诸文明要素出现在一个地点一个遗址里面，这是最清楚不过的文明社会的产生"（白云翔等 1989）。换言之，"只有文明诸重要社会因素的物化表现在同一时间段、同一地理区域内均以较高的发展水准汇聚为一体，从考古学的角度而言即体现于同一种考古学文化的同一时段中，说该社会已进入文明阶段的理由才比较充足。"（朱凤瀚 2001）而集中了文明诸重要社会因素的物化表现的聚落，就是城市（都邑）。有鉴于此，我们认为城市的出现与国家和文明社会的出现是同步的。

城市产生及初步发展轨迹

这里我们对前面的梳理做个小结。考古学揭示出的公元前六七千年新石器时代中期以来的东亚大陆展现了这样的图景：约当公元前 4000 年及以前，广袤的东亚大陆上的史前人群，还都居住在不大的聚落中，以原始农业和渔猎为主，过着大体平等、自给自足的生活。最初的环壕城邑即出现于此时。各区域文化独立发展，同时又显现出一定的跨地域的共性。从聚落形态的发展演变上看，以仰韶文化前期聚落为代表的东亚大陆新石器时代发达的聚落形态，是原始农业与定居生活方式发展的必然结果。它具有凝聚性、内向性和封闭性的特点，就聚落间的关系而言处于基本平等的状态。

公元前 3500—前 1700 年间，也就是考古学上的仰韶时代后期至龙山时代，被称为东亚"大两河流域"的黄河流域和长江流域的许多地区，进入了一个发生着深刻的社会变革的时期。随着人口的增长，这一时期开始出现了阶层分化和社会复杂化现象，区域之间的文化交流和摩擦冲突都日趋频繁。许多前所未见的文化现象集中出现，聚落形态上发生着根本的变化。如大型中心聚落及以其为核心形成的一个个大遗址，围垣与环壕、大型夯土台基和殿堂建筑、大型祭坛、大型墓葬等耗工费时的工程，墓葬规模和随葬品数量、质量上所反映出的社会层级的巨大差别等等，都十分令人瞩目。大量的考古学材料表明，这一时期，生产的进一步发展导致社会的初步分裂，贫富的分化、贵

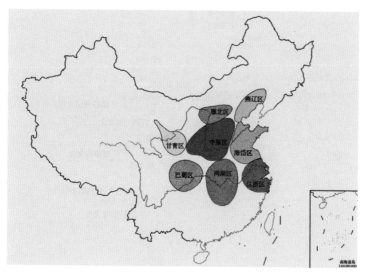

新石器时代东亚"大两河流域"的主要文化区（严文明 1987）

族和平民的分化以及聚落之间的分化日益加剧，平等一体的原始共产制社会日益走向衰落。同时，这一时期又是各个考古学文化所代表的人类共同体之间大动荡、大分化、大改组时期，众多相对独立的部族或邦国并存且相互竞争，在文化面貌上各具特色，异彩纷呈。

到了公元前2300—前1700年间的龙山时代后期阶段，

龙山时代后期城邑林立（《中国国家地理》2017年第10期）

上述各区应已是邦国都邑林立，但文化发展出现了更大的不平衡。随着中原龙山文化和海岱龙山文化在相互交流、相互竞争中的不断壮大，各周边地区富有浓厚宗教色彩的史前文化或初期文明盛极而衰。以大型都邑为核心的中原王朝文明正是在吸收了各地丰富的文明因素的基础上，以中原文化为依托最终得以崛起的。

现在，我们知道作为圈围聚落的城邑出现于社会复杂化之前，环壕与围垣的有无，并不构成城市、国家出现的前提条件。但仰韶时代后期至龙山时代各地城邑大量出现，恰是已经产生严重的贫富分化和社会分化、征服与掠夺性战争频起的新石器时代晚期至末期，城防设施多是战争冲突和社会分化的产物。伴随着严重的社会分化而出现的、汇集诸种代表当时社会经济文化发展最高水平的文明要素于一处的一些城邑，应已步入初期城市的行列。它们的出现，标志着城乡差别的产生、国家的形成和文明时代的到来。

六　青铜王都的特质

青铜时代早期、夏商西周时代（约公元前 1700—前 1000 年）

中原中心的出现

前面我们讲了新石器时代晚末期的城邑，大家知道那是一个满天星斗的无中心多元的时代。最初的城市——都邑兴起于各地，水城、土城、石城争奇斗艳，各具特色。它们都属于分布于东亚"大盆地"、以东亚"大两河流域"为中心的松散的早期中国互动圈，但还没有哪个区域性的政体可以代表"中国"。总体上看，那时还属于"前中国时代"。下面，我们就开始进入一个开创中国历史新纪元的板块——青铜时代的板块，早期王朝（夏、商、西周）的板块和中原中心的板块。还有一个新的概念，就是"大都无城"的板块。

按古代文献的说法，夏王朝是中国最早的王朝，是破坏了原始民主制的世袭"家天下"的开端。一般认为，夏王朝始建于公元前 21 世纪，国家级重大科研项目"夏商周断代工程"，把夏王朝建立的年代定为公元前 2070 年左右。（专家组 2022）如前所述，在考古学上，那时仍属于龙山时代后期，中原地区仍然处于邦国林立、战乱频仍的时代，各人类群团不相统属，筑城以自守，外来文化因素明显。显然，"逐鹿中原"的战争正处于白热化的阶段，看不出跨地域的社会整合的迹象。也就是说，至少在所谓的夏王朝前期，考古学上看不到与古典文献相对应的"王朝气象"。

考古学能够观察到的现象是，随着兴盛一时的中原周边地区的各支考古学文化先后走向衰落，到了公元前1800年前后，中原龙山文化系统的城址和大型中心聚落也纷纷退出历史舞台。代之而起的是，地处中原腹地嵩(山)洛(阳)

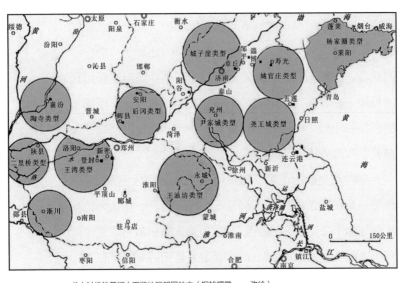

龙山时代的黄河中下游地区邦国林立（据钱耀鹏 2001 改绘）

　　　　　　　城的中国史

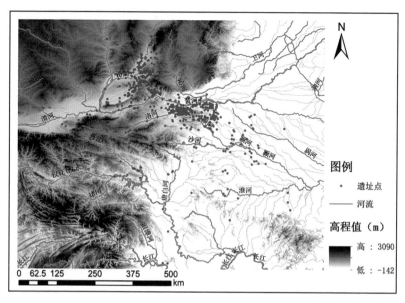

二里头文化异军突起，成为东亚大陆第一个"核心文化"（贺俊 2020）

地区的二里头文化在极短的时间内吸收了各区域的文明因素，以中原文化为依托最终崛起。二里头文化的分布范围首次突破了地理单元的制约，几乎遍布于整个黄河中游地区。二里头文化的因素向四围辐射的范围更远大于此。这是东亚大陆最早出现的"核心文化"。二里头文化、二里岗文化、殷墟文化和西周文化这一系列自身高度发达又向外施加影响的核心文化所代表的社会组织，从狭义史学上看可大体与夏、商和西周各个早期王朝对应（但二里头文化和二里岗文化因尚处于"原史时代"而无法具体指认），就考古学观察到的社会现象而言，或可称为"广域王权国家"。

可以说，延续千年左右的二里头—西周时代，是东亚大陆历史上第一次大提速的时代，它在聚落形态上也有颇为鲜明的表现：遗址数量减少，设防城邑减少，人口集中于都邑及其周边，开始出现不设防的中心都邑。中国古代城邑发展史上的一个新的阶段——"大都无城"的时代即肇始并兴盛于这一时期。总体上看，广域王权国家时代的到来，导致大量人口流向都邑及近畿地区，以及相对安定的社会情势下军事防御需求的减淡，或许是这些现象出现的重要历史背景。

王朝都邑的庞大化

地处中原王畿地区的三代王朝都邑均规模巨大，内涵丰富。由二里头文化的二里头都邑现存面积约 3 平方千米，到二里岗文化的主都郑州商城逾 10 平方千米，安阳殷墟和丰镐西周王朝都邑的总面积更达 20~30 平方千米以上，构成东亚大陆聚落和社会发展史上的第一个大提速的时代。而且在这些都邑遗址中都发现有应该属于官殿宗庙的大型夯土建筑基址及大型手工业作坊遗址。这是此前的新石器时代晚期大型中心聚落遗址和同时期的周边方国、邦国都邑遗址所不能比拟的。可以说，三代王朝都邑的城市形态充分地显示了中国早期都邑文明的特质，是探索中国城市起源及其初步发展轨迹的标尺。

那么，中原王朝都邑及其所代表的中国早期城市文明的本质特征何在？在考古学上，什么是判别早期城市的决定性标志？中原王朝都邑的布局反映了什么样的问题？它在中国古代城郭制度形成过程中占有怎样的位置？这些都是需要我们通过对上述考古学资料的具体分析来解答的问题。

一般认为，夏、商、西周王朝的都邑遗址是典型的中国青铜时代的城市遗存，是较为成熟、发达的文明社会。而构成王朝都邑遗址的考古学遗存要素，归纳起来大致有以下几类，即大型夯土建筑基址、大规模夯土城壕、含代

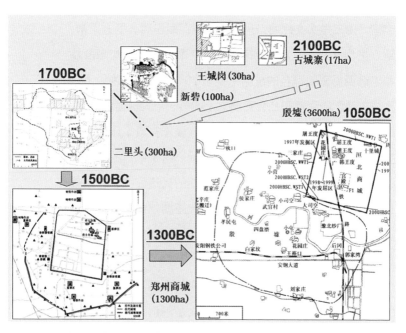

都邑千年史，空前大提速（比例尺同）

表当时手工业最高发展水平的工艺（如铸铜、制玉石等）在内的各种作坊遗址、居住遗址和墓地等。其中后二者也见于一般村落遗址，仅有规模和数量上的差异，不具有代表性。在已基本确认具有早期王朝都邑性质的洛阳二里头遗址、郑州商城、偃师商城、安阳殷墟和周原、丰镐、洛邑三大西周时期的都邑遗址中，目前仅在郑州商城和偃师商城两处二里岗时期的都邑遗址上发现有夯土城垣。可见，城墙在早期王朝都邑遗址中并不具有普遍性。而大型夯土建筑基址和各种手工业作坊则在上述都邑遗址中均有发现。经过对这些考古学现象进行初步的分析，可以总结出以下几点，它们大体上可反映出中国早期王朝都邑文明的本质特征。

宫室是都邑的必备要素

在考古学上表现为大型夯土建筑基址的宫殿宗庙遗存，是中国早期城市——都邑的最核心的内涵，因而成为判别城市与否的决定性标志物。

王朝都邑中一定有大型夯土建筑基址，这是有其深刻的历史渊源和背景的。从新石器时代开始，黄河流域的住宅建筑形式经历了从半穴居到地面居再到高台居的发展过程。（周星 1989）住宅形态作为社会文化的产物，也一直在显示着社会进步的趋势。在穴居住宅依然存在的龙山时代乃至其后的二里头时代至西周时代，突出于地面的高台建筑的出现既与夯筑技术的成熟相联系，又反映着事实上日益扩大的社会分裂。大型夯土高台建筑的建造需要庞大的用工量，又因为它首先成为至高无上的宫殿宗庙之所在而具有权力象征意义，这决定了大型夯土建筑基址从诞生之日起就与文明社会有着某种内在的联系。从这个意义上讲，大型夯土台基的出现既是人们居住生活史上的一次大

3. 台基式
（偃师商城）

4. 高台式
（邯郸赵王城）

2. 地面式
（大汶口·尉迟寺）

1. 地穴式
（仰韶·庙底沟）

建筑"高升"与社会复杂化

的革命，也昭示着文明时代的到来。

二里头文化至西周王朝都邑中大型夯土建筑基址（即官殿宗庙遗存）的存在是中原王朝国家及其权力中心——都邑本质特征的反映。从前面我们对中国城市起源问题的分析中可以看出，中国的初期城市从一开始就是伴随着国家的产生、作为最早出现的邦国的权力中心而问世的。张光直教授指出，"中国初期的城市，不是经济起飞的产物，而是政治领域中的工具"（张光直 1978）。龙山时代上千年众多邦国部族的激烈冲突、相互融合和兼并，最终导致中原早期王朝的建立。而王朝都邑的出现，则是这些广域王权国家王权确立的重要标志。因此，从本质上讲，中国古代早期城市就是政治性都邑。而中原王朝国家都是建立在家族—宗族组织基础上的宗法国家，以王权为首的政治身份与宗族内各级宗主的地位相一致，与此相应，政治统治权与宗教祭祀权是合二为一的。（王震中 1994）因此统治者所属宗族的宗庙及他们所居住的宫殿就是宗法制度和国家权力的最高体现，成为国家权力中心——都邑的决定性标志物。不少学者认为礼制是中国进入文明时代的一项重要标志，而礼制在建筑上的表现就是宫室宗庙。《墨子·明鬼篇》中所说的"且惟昔者虞夏商周，三代之圣王，其始建国营都日，必择国之正坛，置以为宗庙"，它的含义正在于此。

目前，在考古学上还难以区分早期都邑内具体的大型夯土建筑究竟属于宗庙还是宫殿遗存。古人"事死如事生"，祖先亡灵所处宗庙与在世王者所居宫殿的建筑规制在早期可能是完全一致的。其实，文献资料与考古材料表明，先秦时代的宫室建筑基本上是宫庙一体的。宫室前殿、朝堂也称为庙，"庙""宫"通用的例子常见于先秦文献。后世以"庙堂""廊庙"来指代君王和大臣议政的朝廷，也是宫庙一体这一先秦古制的遗痕。这时的宗庙不仅是祭祀祖先的场所，而且是举行各种重大礼仪活动的场所。先秦时期的宫寝与宗庙即便分属于不同的建筑个体，也应该是

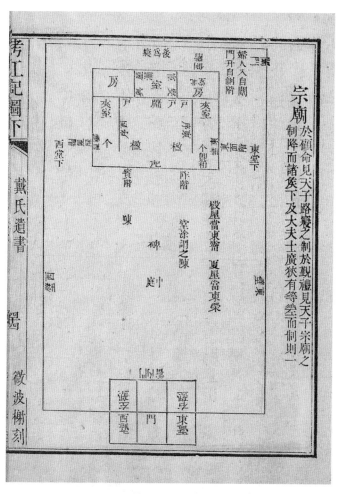

先秦礼书所见宗庙示意图，与考古所见三代宫室建筑结构基本一致

集中于同一区域，也就是宫殿区与宗庙区应该是合一的，比如我们在安阳殷墟都邑小屯宫殿宗庙区所见到的那样。

古典文献中透露出的又一信息是，先秦宫室在宫庙一体的总格局下，宫寝与宗庙的地位并非等重，作为维护王权神圣性的宗法制度的载体，宗庙是宫殿宗庙区乃至整个都城的核心之所在。宫庙一体，以庙为主，构成了先秦时期宫室建制有别于后世的一大显著特色。

都邑或中心聚落内的宫殿宗庙基址多成群成组，分布

安阳殷墟小屯宫殿宗庙区复原

城的中国史

较为集中，形成宫殿宗庙区。从文献上看，对宗庙宫室的建置有严格的规制以明名分地位；考古发现所见保存较好的宫庙基址群也多可看出是经过统一的规划和布局的，如殷墟小屯东北地和周原召陈基址群，都主次分明，井然有序，建筑考究。

与宗庙宫殿区相关的是王陵区的设置。目前除了商代晚期的殷墟，三代其他时期的王陵区尚无明确的线索。殷墟王陵区位于洹河北岸的侯家庄西北冈和武官村北地的高地上，与小屯宫庙区隔河相望，都处于殷都的中心区域。可以说，殷墟是以商王宫庙区和王陵区为核心建立起来的庞大都邑。这种王陵区设于都城范围之内的布局，大概也是中国早期城市的一个重要特点。

七　　大都无城纵横谈

何谓"大都无城"?

如果我们说，从中国最早的广域王权国家——二里头国家（夏王朝后期至商王朝早期？）诞生，到汉代的 2000余年间，居然绝大部分时间里都城是没有大城的，甚至可以说这 1000 多年是不设防的时代，您相信吗？"大都无城"，也就是说庞大的都邑一般不设外郭城，疏于设防。这种文化现象，是汉代及其以前中国古代都城的常态。

既往，学术界一般把"无邑不城"作为中国古代都城的一个显著特色来加以强调，比如认为"城墙是构成都城的基本政治要素，没有'城墙'的都城实际上是不存在的"（刘庆柱 2006），"都城的城郭是其标志性建筑，这是古代'礼制'所限定的"（刘庆柱 2009）。那么，这一特征贯穿中国古代都城发展的始末吗？经过观察分析研究，笔者认为不是这样的，"无邑不城"这种大家耳熟能详的现象，具有鲜明的阶段性，它只见于曹魏到明清时代的中国古代都城史的后半段，而前半段，则是"大都无城"。

| 阶段 | 朝代 | 宫城＋郭区 | 宫城＋郭城 | | 都城存废时间 |
			内城外郭	城郭并立	
实用性城郭时代	夏、商（？）	二里头			1700BC—1500BC
	商		郑州商城 偃师商城		1500BC—1350BC
		小双桥 洹北商城 殷墟			1350BC—1050BC
	西周	丰镐 岐邑 洛邑 齐都临淄 鲁都曲阜			1050BC—771BC
	春秋	洛阳王城 晋都新田 秦雍城 楚郢都	齐都临淄 鲁都曲阜 郑都新郑		770BC—403BC
	战国	秦都咸阳 （350BC—221BC）		洛阳王城 齐都临淄 鲁都曲阜 韩都新郑 赵都邯郸 楚郢都 燕下都	403BC—221BC
	秦	咸阳			221BC—207BC
	西汉－新莽	长安			202BC—23AD
	东汉	洛阳			25—190
礼仪性城郭时代	曹魏－北齐		邺城		204—577
	北魏		洛阳城		494—534
	隋唐		隋大兴城 唐长安城		582—904
			东都洛阳城		605—907
	北宋		汴梁城		960—1127
	金		中都城		1153—1214
	元		大都城		1267—1368
	明清		北京城		1421—1911

中国古代主要都城城郭形态一览（许宏 2016A）

简单说来，大都无城的状况肇始于距今3700年前后洛阳盆地的二里头都邑，其庞大而复杂、内涵高度发达的都邑不设防，而可能以其所处的自然山川为大郭，应是显现了整个华夏族群处于上升阶段的一种文化自信。二里头是中国最早的广域王权国家，国上之国，它要宣示教化，又国力强盛，因为自信，所以用不着修个土围子把自己保护起来，而是跟诸侯盟国讲信修睦，"守在四夷"，这可以看作大国风范之肇始。

　　随着中原广域王权国家的出现，二里头至西周时期，城邑数量大为减少，但中心都邑的规模急剧增大，开始出现无外郭城的都邑，可视为延至东汉时代的"大都无城"风潮的第一波。从二里头都邑开始，到安阳殷墟，到整个西周时期的三大都邑丰镐、周原和洛邑，统统是大都无城，没有一个外郭城来罩着。很有可能《逸周书·作雒篇》中所谓"郭方七十里，南系于雒水，北因于郏山"的"郭"并非指城郭，而是指周围的自然山川，贯彻的是因形就势、师法自然的营国策略。在为数不多的城邑中，环壕聚落仍占有较大的比重。

　　春秋战国时期战乱频仍，各国一时筑城以自保，但到了秦咸阳、西汉长安和东汉洛阳，早期帝国之都又是大都无城，形成庞大的首都圈，彰显出巍巍帝都的宏大气势。

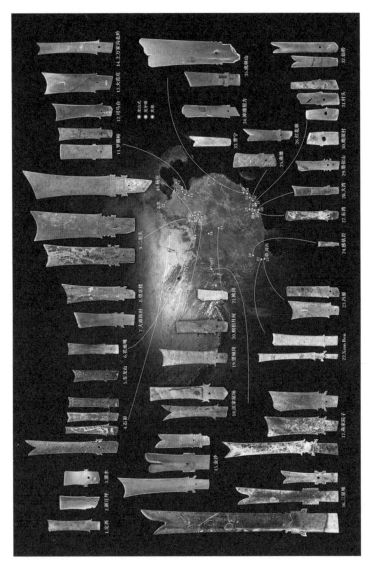

二里头时代前后玉石牙璋的分布

牙璋是二里头文化的重要礼器，它的扩散表明"中国"的雏形开始形成

而从曹魏的邺城和洛阳城开始，一直到明清北京城，就都是城郭齐备了，此外还有纵贯整个都城的大中轴线，和严格意义上的里坊制度，这是"后大都无城时代"的特质，而与此前"大都无城"的格局形成鲜明的对比。就是说整个中国古代都城史，可以划分为两个大的阶段，也即实用性城郭阶段和礼仪性城郭阶段。在第一阶段将近2000年的时间里，有1200余年时间没有外郭城。

如果说从二里头到秦汉阶段是华夏族群的上升阶段，拥有充分的文化自信的话，那么魏晋南北朝以来众多的北方少数族群入主中原，如鲜卑族、蒙古族和满族等，都是以少数人口统治大范围的华夏族群，是否出于不自信，导致他们高墙深垒，注重秩序，用华夏族的礼仪法度来统治，严格里坊制的管理，才有了城郭兼备、大中轴线和里坊制这种中古以后都城规制的出现。这都是中国都城营建史，乃至中国文明史上有待于深入探究的大问题。

"大都无城"为常态

与后世中国古代城市"无邑不城"的规制不同，在二里头—西周王朝都邑和若干方国都邑中，外郭城墙的建造并不是一种普遍的现象，后世严格的城郭制度在这一时期尚未形成。我们当然不能排除在这些都邑遗址中今后发现城墙的可能性，但即便没有建造外郭城墙也丝毫不影响它们作为典型的中国青铜时代城市的地位，因为判断城市（都邑）与否的决定性标志是其内涵而非外在形式。早期的城墙还不具有多少权力（神权或王权）的象征意义，大多是出于守卫上的需要而构筑的防御性设施。而外郭城墙的有无取决于当时的政治、军事形势、战争的规模与性质乃至地理条件等多种因素。

二里头—西周时代大部分都邑"大都无城"，尤其是殷墟至西周时代近五百年时间王朝都邑均无外郭城垣，应该主要与当时的政治、军事形势有关。随着军事上的胜利和王权的确立，早期王朝都在王畿的周边地带设置了许多可直接控制或有友好关系的诸侯方国，这些方国成为拱卫王畿地区的屏障和王朝政治、军事统治的重要支柱。同时，与此前的龙山时代相比，这一时期战争的性质和形式也有所变化，可能主要表现为以早期王朝为核心的政治军事联盟与叛服无常的周边邦国部族之间，即地区与地区之间的战争，而在王畿及邻近的周边地区，战争发生的可能性似乎大大减弱。国势的强盛和以周边诸侯方国为藩屏这一局面的形成，使某些王朝都邑和诸侯方国都邑筑城自卫这种被动保守的防御手段成为不必要。此外，都邑及其所凭依的王畿地区尽可能地利用山川之险作为天然屏障，也是三

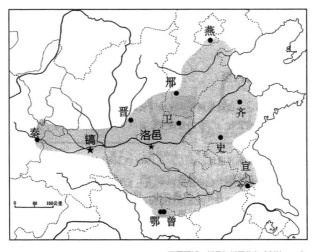

西周疆域、都邑与封国分布（刘绪 2021）

代都邑建置的一个显著特点。

如果把这一时期的城市结构与东周以后的城郭布局联系起来考察,可知这一时期内城外郭的制度尚未最后形成,但都邑布局已初步具备内城外郭这两大部分的雏形。也就是,宫庙区是防御的重点,城墙的建造都以此为中心。就目前的发现看,早期王朝都邑遗址都是由宫庙基址群(或宫城)以及周围的广大郭区(含一般居民区、手工业作坊和墓地等)组成。早期都邑中有松散的郭区而无外郭城城垣的现象,在文献中也有迹可循。

最早见于东汉赵晔《吴越春秋》"鲧筑城以卫君,造郭以守民。此城郭之始也"的记载,经常被学者在论证三代及其以前的城市职能时所引用。其实,这段话应该是反映了距离汉代不远的东周时期城市布局的状况,而与二里头—西周时代及其以前初期城市的真实情况不符。这种托古的手法常见于古典文献中,记述则往往打上当时时代的烙印。"大都无城"的都邑营建模式中重宫城而轻郭区的状况,显现了早期王朝都邑具有"卫君"(含统治者阶层)的性质而大多不是为了保卫邦国中全体成员的安全而兴建的。见于东周时代的"守民"的外郭城在二里头至西周时代还不是常态,这是由其国家及其权力中心——都邑的性质决定的。

城市布局尚缺乏规划

在二里头、二里岗、殷墟和西周时代的绝大部分时间里，都邑规划的总体指导思想，是因地制宜，不求方正，实际布局则是以没有外郭城、总体不设防的"大都无城"为主流的。城市总体布局较为松散和缺乏统一规划，这与城乡分化初期城市经济结构上农业尚占很大比重，和政治结构上还保留着氏族宗族组织有密切关系。

与前述的二里头—西周时代都邑重宗庙宫室、局部统一规划布局形成鲜明对比的是，都邑中一般居民点及手工业作坊的分布较为分散，缺乏统一的布置和安排。整个城市大多是由若干个相对独立的聚居点组成，各聚居点之间可能还有耕地相隔，呈现出一种半城半乡的面貌。以郑州商城为例，在面积约 3 平方千米的夯土城圈内发现有大片宫庙基址，外城的北部、南部有铸铜和制骨作坊遗址，西部有制陶作坊遗址等，一般的居民点则遍布内外城及四周，构成庞大的都邑遗址。西周时期的都城丰镐遗址则更由大量各自独立的遗址组成，散布于洹河两岸近 20 平方千米的范围内。在这些都邑遗址居住区内所发现的生产工具中，农具仍然占有较大的比例，与当时的一般村落遗址的情况相近。这说明居民中相当一部分应是直接从事农业生产的，这些居民点也应是为了便利农业生产而自然形成的。这一

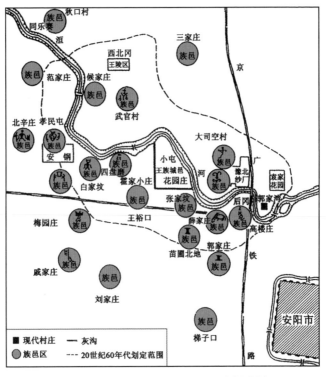

安阳殷墟"大邑商"族邑分布示意（据郑若葵 1995 改绘，圆圈内为金文族徽）

时期商品经济欠发达，还没有形成如后世那样有别于农村的城市经济，城市内的一般居民点与村落遗址没有显著的差别，正反映了城乡分化初期阶段的历史特点。

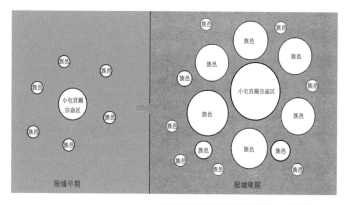

殷墟"族邑模式"早晚期布局示意（岳洪彬等 2011）

同时，居民点的分散状态，还应同当时相当完整地保存着氏族宗族组织有关。有学者根据甲骨卜辞的记载、殷墟墓地分区及出土铜器上互不见于他区的族徽铭文的存在，认为殷墟都邑的布局是一种族邑的布局。每一族邑都是一个相对独立的聚落单元，是居地、生产区和墓地的综合体，整个殷墟大邑是由若干族氏聚落簇拥着王族城邑聚落构成的。而这种族邑布局和体制，显然影响了殷墟都邑的总体布局，使其不太可能出现设计规划整齐的街道和排列有序的专业生产区。（郑若葵1995）这种情况在早期王朝都邑及一般聚落中是具有普遍性的。从对西周时期的周原岐邑遗址出土窖藏铜器铭文的分析中，也可看到与殷墟遗址大体一致的情况。在岐邑的范围内，分布着大量从周王室那里获得宅邑、土田的世袭公卿贵族如庄白村微史家族、强家村虢季家族、董家村裘卫家族的聚落，这种聚落包括族长和族人、家臣居住地及其周围的土田、作坊和族墓地。而这些世族的聚落布局，似乎并没有严格的规划，而是较为散乱地分布在都邑的范围内。（卢连成1993）在洛阳瀍河东岸属于西周时期的洛邑遗址范围内也发现有集中分布的"殷人墓"区。（张剑1995）上述种种，都说明当时是以族为单位进行生产和军事等活动的，甚至因战败而被奴役的族群仍能族类而居。从墓地的情况看，当时的族墓地中往往既有贵族墓又有平民墓，相当多的居民点内，也应是贵族与平民杂处。这同后代城市内依身份等级、贫富贵贱的差别来划分出几大片居民区的规划是大相径庭的。在已产生了国家组织、步入文明时代的二里头—西周社会并未出现按地区来划分国民的单纯的地缘政治结构，血缘氏族纽带在国家产生之后的复杂社会长期延续，构成中国早期文明的又一大特色。

八 大都无城的肇始

二里头时代（约公元前 1700—前 1500 年）

与冯时教授不谋而合

三代王朝"大都无城"的聚落形态,在文献中亦有迹可循。

据我的同事、中国社会科学院考古研究所冯时教授等学者的研究,三代时期"邑"与城郭的概念区别严格。古文字"邑"作"𦉥",上边是围邑的象形文,下边是人踞坐而居之形,所以"邑"本来是指人居之邑。而城郭的象形文"郭"(墉)本作"𩫏",省简为"𩫖",也就是像城垣的形制而四方各设有门亭。通过对"郭(墉)"与"邑"的比较可以明显看出,二字的主要区别在于,"郭"(墉)是建有城垣的城郭,而"邑"则是没有城垣的居邑。甲骨文有"作邑"与"作郭(墉)",占卜的是不同的事,"作郭(墉)"意为军事目的的筑城,而"作邑"则是兴建没有城垣的居邑。(彭邦炯 1982,冯时 2002)

冯时进一步指出,"邑"与"郭"(墉)除建筑方法不同外,更重要的一点是在夏、商及西周文明中,作为王

模拟版筑墙垣场景（网易号"大国土匠"）

朝的中心聚落，也就是君王所在的京师之地，都是以"邑"的形式出现的。"邑"本来是像人居邑之形，而古文字的"国"本以"🏳"为意符，是指事字，字形是在象征中央邑的"口"符的四外添加了四个指事符号，以表明"国"之所指本来就是中央邑周围的区域。这恰好表现了三代政治体制的基本格局。商代甲骨文显示，商王朝的政治中心为大邑商，而大邑商之外的地区则为商王同姓子弟和异姓贵族分封的"国"，因此，商代实际至少是由位居中央的作为内服的大邑商的"邑"和邑外作为外服的同姓和异姓贵族所封的

"国"共同组成的政治实体。（冯时 2008）

《左传·昭公二十三年》载有楚大夫沈尹戌的一段话："古者，天子守在四夷。天子卑，守在诸侯。诸侯守在四邻。诸侯卑，守在四竟。慎其四竟，结其四援，民狎其野，三务成功，民无内忧，而又无外惧，国焉用城？"这段话明确地表述了楚国及其同时代的诸国长期以来坚持的"慎其四竟（境）"的外线作战思想和大国气度，是对西周时代及其以前"大都无城"状态的一个极好的诠释。

冯时教授据此认为，居于中心的王都由于有诸侯的藩屏，实际已无须再建筑高大的城垣。除诸侯负有拱卫王室的责任之外，早期国家特殊的政治结构以及君王内治而重文教的传统，也使王都必须呈现为没有城垣的邑的形制。《易·夬卦》的《象传》显示，王于邑告命，故不能以深沟高垒将王与诸侯彼此分割，这样将会影响王命的传布；相反，宣示王命的地方应该是以没有城垣的邑为形制，如此方可加强内外服的联系，使教命宣达于四方。

那么，三代都邑的外围又是怎样的形态呢？《周礼·夏官·掌固》："掌固掌修城郭、沟池、树渠之固……若造都邑，则治其固，与其守法。凡国都之竟有沟树之固……若有山川，则因之。"可知三代都邑都有"沟树之固"。段玉裁《说文解字注》释"邑"所从之"囗"为"封域"，应为壕沟或封域的象形，即都邑外围或有壕沟，挖壕之土堆于其外为"封"，又设篱笆荆棘等以为防护。如有山川之险，则利用自然地势形成屏障。尽管都邑也有"沟树之固"，但沟树的作用与城垣适于军事的目的大为不同，而只是具有防避兽害及规划疆界的意义。因此，王都采用无城之邑的形制，其实正有使教命流布畅达的象征意义，这些观念都应是早期王都以邑为制度的重要原因。（冯时 2008）

这与本人从考古学的角度所做中国上古都邑"大都无城"的归纳，可谓殊途同归。

从围垣到环壕

在河南洛阳二里头都邑所处的中原腹地，约公元前1900年前后新密新砦大邑的崛起，具有里程碑意义。新砦大邑走向兴盛时，其他龙山城邑已经衰落甚至废弃；到新

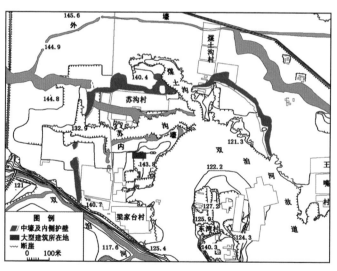

河南新密新砦台城式环壕聚落（据考古所河南新砦队等 2018 改绘）

砦大邑全盛时，它们已全部退出历史舞台。可以说，新砦大型设防聚落的出现，给数百年来中原地区城邑林立的争斗史画上了一个句号，表明较大范围内社会集团间的整合历程已拉开序幕。我们倾向于把新砦集团的崛起，作为二里头时代的开端。

值得注意的是，二里头时代聚落形态上最大的变化，一是中心聚落面积的大幅度提升，由龙山时代的 10 万 ~30 万平方米扩大到 100 万 ~300 万平方米；二是基本摒弃了龙山时代普遍筑城的传统，代之而起的环壕，成为这一时代的主流防御设施。

新砦聚落的中心区约 6 万平方米的区域由环壕（内壕）圈围起来，其内分布有大型建筑等重要遗存。再外是 70 万平方米的"城墙"（应为防止壕沟壁坍塌而夯筑的护壁或护坡）及其外的中壕，外围又有 100 万平方米的外壕围起的空间。与龙山时代的城邑相比，新砦大邑抛却了方正的城垣规制，而以并不规则的壕沟连通自然河道、冲沟形成防御体系，这构成了其较为鲜明的聚落形态上的特色。就现有的材料看，当时的新砦遗址或为一处"台城"式的环壕聚落。（许宏 2016B）

比新砦大邑稍晚，二里头时代的河南平顶山蒲城店、驻马店杨庄、荥阳大师姑、登封王城岗、登封南洼及山西夏县东下冯等遗址中都发现了环壕。据梳理分析，这些设防聚落一改龙山时代城垣辅以宽壕（宽 10 米左右或以上）的传统，在聚落内部流行窄环壕（宽 5 米左右）以明确功能分区，聚落外围则流行宽环壕。窄环壕实际上是聚落内部不同社会阶层居民之间的界限，因此并不需要沿袭龙山时代城墙和宽壕的组合作为防御设施……相对和平稳定的社会秩序或许是二里头时代居民多选择开挖环壕而少筑造城墙的原因。（李宏飞 2011）而这一阶段少量的围垣城址，一般出现于军事前沿地区，如地处二里头文化东部边缘地带的荥阳大师姑城址、郑州东赵城址、新郑望京楼城址和地处南部边缘地带的平顶山蒲城店城址。

由此可知，进入二里头时代，聚落内部社会层级间的区隔得到强化，与此同时，对外防御设施则相对弱化。

无郭之都二里头

约公元前1700年前后，伴随着区域性文明中心的先后衰落，中国乃至东亚地区最早的具有明确城市规划的大型都邑——二里头出现于中原腹地的洛阳盆地。二里头文化与二里头都邑的出现，表明当时的社会由若干相互竞争

徐旭生及其"夏墟"调查报告

的政治实体并存的局面，进入到广域王权国家阶段。

1959 年夏，著名古史学家、考古学家徐旭生先生在率队调查"夏墟"的过程中踏查该遗址，随即发表了考古调查报告。鉴于遗址出土物丰富、面积广大，且位于史籍记载的商都"西亳"所在地，徐旭生认为该遗址"为商汤都城的可能性很不小"（徐旭生 1959），引起学术界的极大关注。当年秋季，考古工作即开始启动。

到目前为止，钻探发掘工作已历经 60 余年，除"文革"期间中断了数年外，田野工作持续不断，累计发掘面积达 5 万余平方米，取得了重要成果。总体而言，二里头遗址沿古伊洛河北岸呈西北—东南分布，东西最长约 2400 米，南北最宽约 1900 米，北部为今洛河冲毁，现存面积约 300 万平方米。其中心区位于遗址东南部的微高地，分布着宫殿区和宫城（晚期）、祭祀区、围垣作坊区和若干贵族聚居区等重要遗存；西部地势略低，为一般性居住活动区。（考古所 2014，许宏等 2019）

我们可以对二里头都邑的演变过程做一简要的梳理。

公元前 1750 年左右，二里头文化的居民开始在此营建大型聚落。二里头文化第一期时的聚落面积就超过了 100 万平方米，似乎已发展成伊洛地区乃至更大区域的中心。如此迅速的人口集中，只能解释为来自周边地区的人口迁徙。这一时期的出土遗物包括不少贵族用器，如白陶、象牙和绿松石制品，此外还有青铜工具，但由于晚期遗存对该期堆积的严重破坏，聚落的布局尚不清楚。

二里头都邑从第二期开始（约公元前1700年或稍晚）进入全盛期，其城市规划的总体格局已基本完成。

中心区由宫殿区、围垣作坊区、祭祀活动区和若干贵族聚居区组成。宫殿区的面积不小于12万平方米，其外围有垂直相交的大道，晚期筑有宫城。大型宫殿建筑基址仅见于这一区域。贵族聚居区位于宫城周围，中小型夯土建筑基址和贵族墓葬主要发现于这些区域。其中宫城东北和宫城以北，是贵族墓葬最为集中的两个区域。绿松石器制造作坊和铸铜作坊都位于宫殿区以南，目前已发现了可能把它们圈围起来的夯土墙。这一围垣作坊区应是二里头都邑的官营手工业区。祭祀活动区位于宫殿区以北和西北一带，东西连绵二三百米。这里集中分布着一些可能与宗教祭祀有关的建筑、墓葬和其他遗迹。

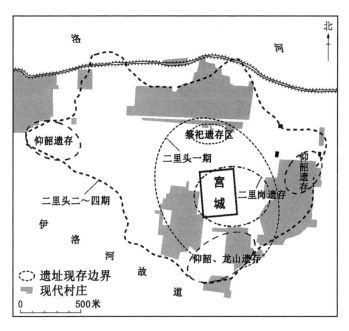

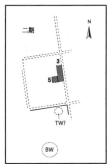

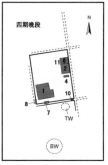

二里头聚落总体（上）及其中心区（下）各时段演变示意
图中的"二里头"与各期段均指二里头文化

大都无城的肇始

都邑主干道网位于宫殿区的外围。已发现的四条大路垂直相交，略呈"井"字形，显现出方正规矩的布局。保存最好的宫殿区东侧大路已知长度近 700 米。大路一般宽 10 余米，最宽处达 20 米。这几条大道的使用时间均较长，由二里头文化早期沿用至最晚期。这是迄今所知中国最早的城市道路网。

据最新的考古发现，二里头都邑创造性地采用了多网格结构的城市布局。多网格结构以围绕宫殿区的"井"字

二里头遗址中心区（国家考古遗址公园）鸟瞰

　　　　　城的中国史

形大道为中心向外延展，形成路网，路网之间是带有围墙的一个个封闭空间，显示出极强的规划性。

但在逾半个世纪的田野工作中，却一直没有发现圈围起整个二里头都邑聚落的防御设施，仅知在边缘地带分布着不相连属的沟状遗迹，应具有区划的作用。

二里头都邑的中心区分布着宫城和大型宫殿建筑群，其外围有主干道网连接交通，同时分割出不同的功能区。制造贵族奢侈品的官营手工业作坊区位于宫殿区的近旁；祭祀区、贵族聚居区都拱卫在其周围。上述种种，无不显示出王都所特有的气派。由上述发现可知，二里头遗址是迄今可以确认的中国最早的具有明确规划的都邑。就目前的认识而言，二里头遗址的布局开中国古代都城规划制度的先河。

见此图标 🔲微信扫码
解码城池内外的华夏文明!

九　城郭大邦二百年

二里岗时代（约公元前 1550—前 1350 年）

二里岗文明的扩张

　　关于王朝时期商文化的上限，究竟可上溯至二里头时代还是始于二里岗文化，尚存争议。目前多数学者倾向于后一种意见，认为二里岗文化和殷墟文化构成商代考古学的主体。到了二里岗文化时期或曰二里岗时代，二里岗文化不仅迅速覆盖了二里头文化的分布区，而且分布范围进一步扩大，聚落形态和社会结构都有极大的飞跃。

　　关于二里岗国家的膨胀性态势，学者多有论述。比如有的学者认为二里岗文化时期是中国先秦历史上的一个特殊的时期，从某种程度上来说，这个时期中央王朝的国力可能超过了商代晚期和西周早期。（孙华 2009）正是在这个时期，以郑州商城为中心的二里岗文化急剧向周围扩展，先前黄河中下游地区存在的二里头文化、下七垣文化和岳石文化（一般认为是夏、先商和东夷三个族群的遗存）鼎足而立的文化格局被打破。在东至渤海、西达关中、北抵冀中、南逾江淮的广大区域内，人们都使用着一套共同的

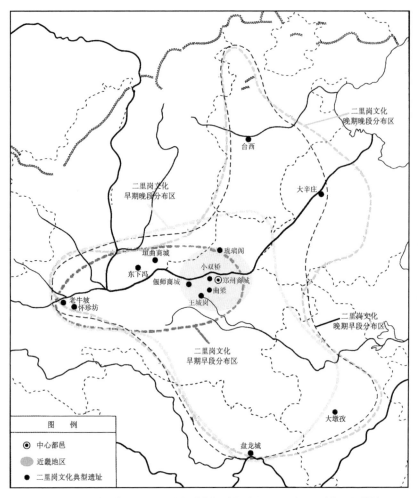

二里岗文明"近畿"地区及各期段的大致扩散范围（依王立新 1998、司媛 2023 改绘，司媛制图）

日常生活用陶器，形成了分布范围相当广阔的二里岗文化圈。（王立新 1998）

众所周知，制作工艺简单而不便携带的日用陶器，往

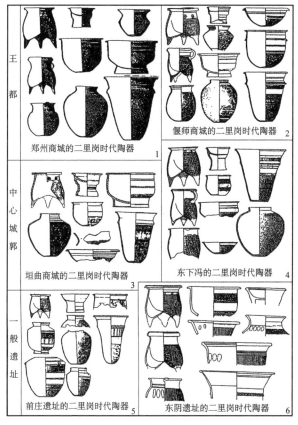

二里岗文化各级聚落陶器一体化示意（秦小丽 2019）

往具有极强的地域性特点和文化传统上的保守性，如果不是人群迁徙和政治性强势干预等因素，很难达到在广大地域内风格高度一致的程度。而对陶器地域分布的研究表明，二里岗时代在中心区陶器组合扩散的同时，各地的地方要素急剧减少甚至灭亡。在比较短的时间内，就被伊洛—郑州系统的陶器也就是二里岗文化的陶器传统一元化了。

殷商的青铜文明，最大限度向四方强力冲击渗透的时段并非殷墟时期，而是二里岗时期。这一现象，至少20世纪80年代初期开始就逐渐被注意到，被称为"二里岗大冲击"（Chang 1980 中文版，张光直 2002）或"二里岗扩张"（浅原达郎 1985）。美国学者贝格利教授从铜器研究的视角提出了二里岗扩张是军事征服的结果（Bagley 1977、1999）。而后，他的门生王海城教授做了进一步的阐发，指出"二里岗扩张在东亚考古中占据极其重要的地位。它把一种新近发明的金属制作工艺甚或文明本身传播到华北和华中的广大地区，早期青铜时代从此由一个局部现象变成了覆盖辽阔区域的整体现象"，而"这种特征鲜明的物质文化大规模扩散现象并不为二里岗文化所特有。恰恰相反，这似乎是文明初始阶段的一个普遍现象"（王海城 2016）。二里岗文明的上述特征及学界的相关思考，都有助于我们理解城郭形态在二里岗时代出现的历史背景。

在二里岗时代，具有都邑性质的郑州商城和偃师商城都围以城郭，有极强的防御性，而其近旁及外围又分布着若干城邑，都应该是出于政治、经济和军事目的而有计划设置的。

主都唯郑州

郑州商城，地处现郑州市区，坐落于西、南部黄土丘陵高地和东、北部湖沼平原相交接的地带，从地形大势上看，由西南向东北倾斜。此地自古以来就是东西、南北交通的咽喉要道，素来是兵家必争之地。

郑州商代遗址发现于 1950 年代，由于最早发现、发

郑州商城内城东南角城垣

掘地点都在今郑州市区的二里岗一带，依考古学文化命名的惯例，郑州新发现的早于安阳殷墟的商文化，当时被称为"商代二里岗期"文化，也就是考古学上的二里岗文化。

多年的发现表明，二里岗文化阶段，郑州开始出现大型都邑，中心区兴建起了周长近7千米的夯土城垣，现已判明它属于内城，城圈面积达3平方千米。不少学者认为郑州商城已发现的内城可理解为"小城"或"宫城"。在内城南墙和西墙外600~1100米，又发现了外城城垣，由西南至东北，对内城形成环抱之势，外城加东北部沼泽水域围起的面积逾10平方千米，或说超过13平方千米。（河南省所2001，秦文生等2015）城址周围手工业作坊、祭祀遗存、墓葬区等重要遗存的分布范围达15平方千米。在它的周边，还分布有众多小型遗址，应该属于郑州商城的"卫星"聚落。二里岗文化遗址相对集中分布范围达160平方千米。（李维明2012）

1950年代以来郑州商城的一系列重要发现，使人们确信它应是商王朝的一座都城遗址。只是对各类遗存的存灭时间，以及与之相关的立都时间和它与偃师商城的具体历史归属与定位的认识，尚存异议。学者们推断其应为商代中期仲丁所迁之隞都，或为商王朝初期成汤始居之亳都等。（河南省院2015）

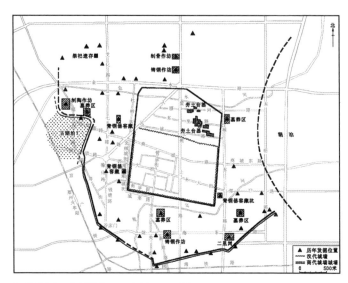

郑州商城布局示意（依许宏 2017、袁广阔 2018 改绘）

　　郑州商城的郊外，多见中小型聚落址，并偶有城址发现，规格较高的超大型遗址仅见于西北郊的小双桥一带。

　　小双桥遗址位于郑州商城西北 20 千米许的索须河畔，地处邙山向南延伸的余脉尽头，东北部有古荥泽。据最近的勘查，实际范围可达 400 万~500 万平方米。该聚落延续时间较短，遗存主要属二里岗文化的最后阶段。（河南省所 2012，袁广阔 2023）

　　小双桥遗址发现了面积约 2000 平方米的大型夯土台基，其原高应在 9 米以上。在遗址的中心区，已揭露数处

郑州小双桥遗址鸟瞰

郑州小双桥遗址夯土台基

郑州小双桥遗址出土青铜建筑构件

大规模的夯土建筑基址，包括牲祭坑、人祭坑在内的 20 余处祭祀遗存及与青铜冶铸有关的遗存。祭祀坑可分为综合祭祀坑、牛头坑、牛角坑、牛头（角）器物坑和器物坑等多种。遗址中还发现了较多的与冶铸有关的灰坑。大型夯土台基西侧附近的壕沟内曾发现大型青铜建筑饰件，显示出不凡的规格。铜器除建筑饰件外，还有爵、斝等容器和镞等兵器。出土遗物中，与殷墟朱书文字和甲骨文一脉相承的朱书陶文尤为引人注目，这是目前发现的商代最早的书写文字。

关于小双桥遗址的性质问题，有的学者鉴于该遗址范围较大，规格较高，内涵丰富，在年代上与郑州商城的衰落年代相当而早于安阳殷墟，认为应是商王仲丁所迁隞都。也有学者认为，小双桥遗址距郑州颇近，存在大量的祭祀坑和祭祀用品，但缺乏王都所应有的其他生活遗存，应该属于郑州商城的离宫别馆、宗庙遗址，或郑州商城使用期后段商王室的祭祀场所。（李伯谦 2003）对小双桥遗址性质的最终确认，尚有待于今后的田野考古和研究工作的进展。

到目前为止，还没有在遗址范围内发现有城垣遗存。这个二里岗时代末期高规格的都邑性聚落，或许已拉开肇始于殷墟时代的"大都无城"的序幕。

辅都看偃师

　　偃师商城遗址坐落于洛阳盆地东部，现在河南省偃师市区的西部。遗址南临洛河，北依邙山。西南距二里头遗址约 6 千米，东距郑州商城约 110 千米。

　　在国务院 1988 年公布的第三批全国重点文物保护单位名单中，该城的定名为"尸乡沟商城"，这一称谓到目

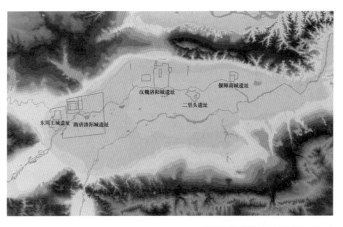

偃师商城及洛阳盆地中的其他古代都邑

前为止仍然多见于学术论著和各类读物中。"尸乡沟"一词最早见于偃师商城发掘者的文章中，其中援引《汉书·地理志》河南郡偃师下班固自注"尸乡，殷汤所都"，而"城址中部有一条东西向的低凹地带，穿城而过，老乡世代相传称之为尸乡沟或尸乡洼"，这"与文献记载如此符合，绝非偶然之巧合。据此，我们认为这座城址即是商汤所都的西亳，殆无疑义"（赵芝荃等 1985）。后来有学者经过调查指出，大概是发掘者证史心切，而将当地老乡所言"石羊沟"（该地曾有古墓前安置的石刻羊等动物像）解译为发音相似的"尸乡沟"（王学荣 1996）。由于"尸乡沟"并非当地正在使用的小地名，不符合考古遗址的定名标准，因而笔者不使用"尸乡沟商城"一词。

偃师商城遗址发现于 1983 年，中国社会科学院考古研究所随即成立了考古队专门负责该城址的勘探和发掘。此后一系列的田野工作，为建立该城址的考古编年序列，探究城址以及宫殿区的布局、建筑结构及其演变过程，乃至进一步探究该城的性质，提供了丰富系统的资料。（考古所 2013，陈国梁 2021—2022）

与郑州商城大体同时的偃师商城，最初建有圈围面积约 86 万平方米的小城圈，而后北、东两面外扩（城外东南部已探明有水泊遗迹，东城垣南段很可能为避开该水泊而向西拐折），城内的总面积大约 1.9 平方千米。宫殿区位于城址的南部。以被称为"宫城"的第 I 号建筑基址群为中心，包括两处可能为府库的围垣建筑群及其他建筑基址。城墙上已发现了多座城门，都是单门道，门道宽度仅 2~3 米，两侧都有木骨夯土墙，推测门道上方原应有建筑。城垣宽厚且有意设计出多处拐折，城门狭小，以及城内府

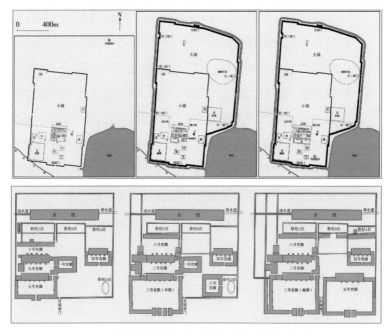

偃师商城总体布局（上）与"宫城"（下）变迁示意（谷飞等 2019）

左：一期，中：二期，右：三期早段

库仓囷类建筑的设置，都体现了较浓厚的战备色彩。

关于偃师商城的绝对年代，根据"夏商周断代工程"提供的系列测年数据，其存在时间被推定为公元前1540—前1400年前后（专家组2022），则这座城址由兴到废经历了近200年时间。

归纳起来，围绕郑州商城与偃师商城两座城址的年代、性质及相互关系问题，主要有三种意见：一种意见认为偃师商城是汤都西亳，郑州商城是仲丁所迁隞都；一种意见认为郑州商城是成汤始居之亳都，偃师商城是大体同时或稍晚的太甲"桐宫"、别（陪）都或军事重镇；一种意见倾向于二者同为商代早期的国都，只是重点使用时间有交错，这种两都或多都并存的现象多见于后世，郑州、偃师二城或为其肇始。"夏商周断代工程"则作出了调和折中的表述："郑州商城和偃师商城都是已知时代最早的商代都邑遗址，它们的始建年代最接近夏商更替之年，因此两者均可以作为夏商的分界。"（专家组2022）

比较分高下

近年的发掘与研究，使我们对两座城址的兴废年代和过程有了较清晰的认识。以最早的宫殿和宫城的营建为标志，两城始建年代接近，都约当二里岗文化早期早段。二者的兴盛期大体并存，或有交错。郑州商城与偃师商城大体同时兴起，而后者的废弃时间要早于前者。

郑州商城南顺城街窖藏坑出土大方鼎等铜器

城郭大邦二百年

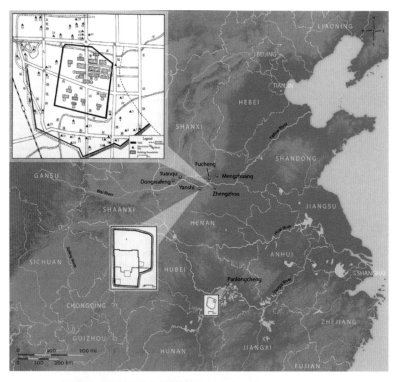

郑州商城、偃师商城与盘龙城体量比较（Campbell 2014）

　　从考古学层面看，可以肯定郑州商城和偃师商城是大体同时的两座二里岗文化时期的都邑级遗址。就遗存分布范围而言，郑州商城为 10 平方千米以上，偃师商城则基本上限于大城城垣以内（约 1.9 平方千米）。从城址规模上看，郑州商城在建城之初即建有 3 平方千米的内城和规模逾 10 平方千米的外城；偃师商城早期小城约 0.86 平方千米，后来扩建的大城不足 2 平方千米。郑州商城发现了为数众多的出土青铜礼器的墓葬和青铜器窖藏坑，以及铸造青铜礼器的作坊；偃师商城则仅见有个别随葬少量青铜礼器的墓葬。偃师商城几乎平地起建，城垣宽厚且有意设计出多处拐折，城门狭小，以及城内府库类建筑的设置，都显现出较浓厚的战备色彩；这与郑州商城的全面繁盛也形成较鲜明的对比。总体上看，这两座城址在聚落层级上的差异是显而易见的；同时，二者的城市功能也很可能有较大的不同。鉴于此，郑州商城为主都，偃师商城是军事色彩浓厚且具有仓储转运功能的次级中心或辅都的意见，应是较为妥当的。（许宏 2016）

南国重镇盘龙城

　　盘龙城遗址位于湖北武汉黄陂区盘龙湖畔，地处长江中游北岸。它北距郑州商城的直线距离约 450 千米。整个遗址群由夯土城址及其周围矮丘和湖汊间台地上的若干一

湖北武汉盘龙城遗址卫星影像

　　　　　　　　城的中国史

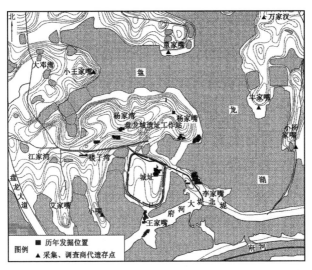

湖北武汉盘龙城遗址遗迹分布（张昌平等 2017）

般遗址组成，总面积逾 1 平方千米（湖北省所 2001）。

城址坐落在遗址群东南部的一小山丘上，城墙随地势之起伏而修筑，为版筑而成，这应是长江流域最早的版筑城垣。版筑技术本是中原先民在黄土地带因地制宜的创制，在土质易凝结、仅堆筑即可起墙的长江流域，版筑城垣无疑是一种显著的外来文化因素。

城址平面略呈平行四边形，面积约 7.5 万平方米。城垣四面中部各有一缺口，可能即城门。城外挖有护城壕。城内东北部发现面积约 6000 平方米的人工土筑台基，大型建筑群即分布其上，已发现大型建筑基址 3 处。其中 1 号基址的主体为四间横列的居室，隔以木骨泥墙，四周则绕以回廊。有学者将其复原为一座"茅茨土阶"、四坡顶重檐的大型木构建筑物。其与 2 号基址前后平行排列，具有共同的中轴线。3 座建筑应属带有三进院落的一个大建筑群。（杨鸿勋 1976）在基址的西侧还发现有由相互连接的陶质水管组成的排水设施。城址内的西南部为低洼地，当时可能为池塘。发掘者推测该城址具有宫城的性质。盘龙城城址与大型建筑，无论从结构布局和建筑技术上看，都与二里岗文化保持高度的一致性。

在城外四方的多处地点，都发现有二里岗文化时期的

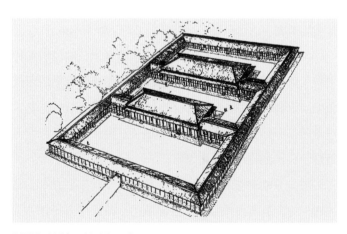

盘龙城大型建筑复原（杨鸿勋 2001）

堆积，应为一般居民区和手工业作坊区。其中在3个地点发现了众多二里岗文化时期的墓葬，李家嘴一带集中发现有随葬青铜器的贵族墓。

遗址中最早的遗存约当二里头文化晚期，尚属一般聚落。城垣始建于二里岗文化早期晚段，而最晚阶段遗存的年代可至殷墟文化的最初阶段。（考古所2003）二里岗文化晚期是该城址的兴盛期，城内的大型建筑即修筑于此期。最新的研究表明，二里岗文化晚期该聚落的面积至少超过2平方千米，是当时南方地区最大的城市。（张昌平2020）

盘龙城遗址在城墙的夯筑技术、宫室的建筑手法、埋葬习俗及遗物特征等方面，都同二里岗文化有着明显的一致性。因而，一般认为，盘龙城遗存是以一支南下的中原商文化为主体，融合本地及江南文化因素而形成的一个商文化的边地类型——盘龙城类型（邹衡1980）。有学者进而认为，我们没有理由怀疑郑州贵族阶层的一部分在二里岗文化晚期迁徙到盘龙城并在此建城定居。二里岗移民群体与土著群体的关系，看起来更像是一种以军事征服而达到的统属关系。盘龙城与郑州铸铜业之间的紧密联系，甚至可以被视为母国严密操纵属地的一个证据。（王海城2016）无论如何，盘龙城在二里岗文化晚期应已成为一座规模较大、城市功能分区与布局均较为清晰的中心城市，

盘龙城出土的二里岗文化风格青铜器

表明郑州政权的统治者对长江中游地区的控制力达到顶峰，也为其向更远的西南方或南方施加影响提供了可能。

研究表明，盘龙城在其延续的 300 余年时间里，一直都在保持与中原地区文化同步，二者的关联是持续不断的。从长江中游当时的聚落形态看，盘龙城之下还设有二、三级聚落，由此形成垂直管理系统，显示出二里岗文化时期中原王朝对南方的强势控制。盘龙城通过长江干流交通构成了东西向的文化交流带，可见其在长江中游地区向外的张力。鉴于此，盘龙城应是中原王朝直接控制长江中游地区的中心城市，其人群应主要来自中原地区。（张昌平等2017、张昌平 2020）盘龙城在文化面貌上与郑州的高度一致性，强有力地暗示了它可能是二里岗国家的一个远方移民地。（李峰 2022）

十　青铜王都大邑商

殷墟时代（约公元前 1350—前 1050 年）

洹水两岸出大都

再往下，就是著名的殷墟时代，一般认为相当于商王朝的晚期阶段。位于豫北地区的安阳殷墟遗址群，包括洹北商城与洹南殷墟。作为都邑的殷墟遗址群始于以洹北商城为重心的时期，由洹北向洹南的转移究竟是都邑内活动重心的变化还是正式的迁都行为，尚有待探究。以郑洛到安阳这一大的都邑变迁为契机，有商一代的总体文化态势发生了重大变化。我们先看看豫北安阳地区殷墟时代的都邑状况。

随着以郑州商城及其郊外的重要遗存小双桥遗址为典型代表的二里岗文化的衰落，以洹北商城为中心的洹河两岸一带作为商王朝的都邑崛起于豫北。在殷墟遗址群的范围内，发现了这样一处年代较早的大型城邑，包括发掘者和本人在内的不少学者，都是把它当作殷墟遗址群的一部分和殷墟文化的最早阶段来看待的。但参与田野考古工作的加拿大学者荆志淳教授认为，洹北商城与洹南殷墟之间

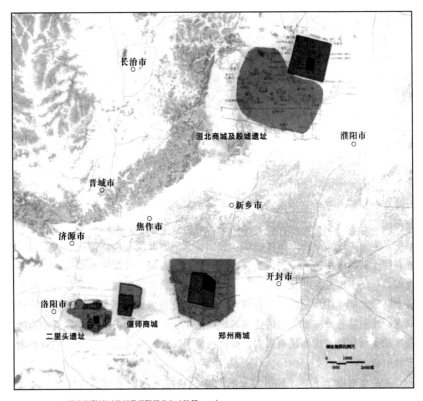

二里头到殷墟时代都邑级聚落分布（陈筱 2021）

城的中国史

很可能有"时间断层"，没有直接的连续性，这有利于解释两座都邑在城市构建、性质等方面的巨大差异。（王炜2014）

根据洹北商城等新的考古发现，大致采纳"夏商周断代工程"的分期方案并有所调整，以下述分期框架阐述殷墟遗址群的演化过程：

洹北花园庄期：至少其晚期约当盘庚、小辛、小乙时期（？）。

殷墟文化第一期：约当武丁早期。

殷墟文化第二期：约当武丁晚期至祖庚、祖甲时期。

殷墟文化第三期：约当廪辛、康丁、武乙、文丁时期。

殷墟文化第四期：约当帝乙、帝辛时期，该期晚段或可进入西周初年。

《夏商周断代工程报告》中推定殷墟文化第一期至第四期的年代范围约为公元前1320—前1040年。（专家组2022）

方壕：回归"无城"的先声

作为都邑的洹北商城，从建都伊始就是跨洹河两岸的，其城市重心在洹北。聚落周围挖建了圈围面积达 4.7 平方千米的方形环壕，其内营建起了以大规模的夯土建筑基址

安阳洹北商城宫城内大型建筑 1 号基址发掘现场

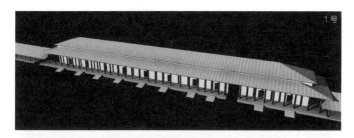

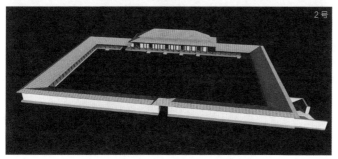

安阳洹北商城宫城内大型建筑1、2号基址复原

群为主体的宫殿区和面积约41万平方米的宫城，在宫城内已发现并发掘了1号、2号两座大型建筑基址和大面积的手工业作坊。方壕内北部则分布有密集的居民点，附近常发现墓葬。大片宫殿建筑在兴建不久即被火焚毁。

位于洹河南岸的小屯一带属于此期都邑的西南郊。这一带分布着相当于这一时期的较丰富的遗存，包括具有相当规模的夯土建筑基址群、出有甲骨卜辞的窖穴、随葬成组青铜礼器的墓葬，甚至还有铸铜作坊。鉴于上述，有研究者认为，小屯宫殿宗庙区的所谓宫殿建筑遗存有一部分很可能是洹北商城的外围居民点。实际上，上述遗存远非都城外围的普通居民点所能拥有，它们应是洹北商城的重要组成部分。

此外，位于洹北商城方壕以西的西北冈王陵区也发现了可能属于此期的高等级墓葬，果真如此，那么西北冈王陵区的使用上限可以早到洹北商城时期。

到了本期晚段，出于我们还不知道的原因，刚刚挖好的方壕随即被草草回填，南壕甚至没有加以夯填，殷墟都邑的重心随即移到了洹河以南。

如果说以郑州商城、偃师商城为代表的商代前期的都邑布局（宫城＋郭城），与商代后期以洹南为中心的安阳殷墟有较大差异的话，那么洹北商城可能正处于这两大模式的转折期。在承继了郑州商城、偃师商城的某些布局特征的同时，洹北商城似乎又具有开启洹南殷墟"大都无城"模式先河的意义。

洹南大邑又无城

洹南都邑，也就是我们熟知的安阳殷墟，它以靠近洹河的小屯村官殿宗庙区为中心，存在年代相当于殷墟文化的第一至四期。（考古所 1994）

殷墟文化第一、二期，洹南小屯一带开始出现大型夯土建筑群，一般认为属官殿宗庙区。从殷墟一期开始，居址和墓葬以小屯为中心分布。苗圃北地的铸铜作坊始建于此期。都邑的重心已移至洹南，遗址群的总面积约为 12 平方千米。本期晚段，遗址群范围有所扩大。至少在殷墟文化第二期时，官殿宗庙区的西、南两面开掘了大型取土沟，部分连通洹河，应具有区划标识作用。取土沟围起的面积达 70 万平方米左右。沟内区域有兴建于此期的夯土建筑基址，也有王室贵族的墓葬，比如妇好墓、花园庄东地的贵族墓等。此前已有的铸铜作坊此时继续使用，此外又各发现铸铜作坊一处、制骨作坊一处。小屯以外，居民点的数量和范围均有较大规模的扩增，在广大地域内都发现了这一时期的居住遗址。遗址群的总面积扩大到 20 平方千

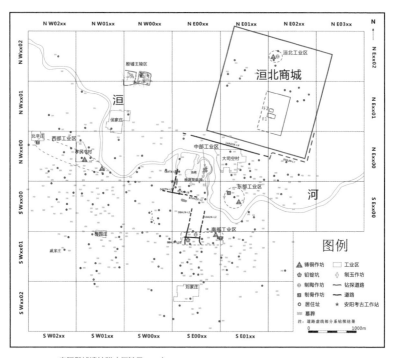

安阳殷墟遗址群（何毓灵 2019）

米以上。洹河北岸的侯家庄西北冈一带的王陵区已经建起。
一般家族墓地数量显著增多。殷墟西区的"族墓地"也形
成于此期。

殷墟文化第三、四期，遗址群的范围扩大至 30 平方
千米左右。小屯及其附近仍为宫殿宗庙区。其外围取土沟
已废弃，开始填埋。但宫殿区的范围很可能扩展到了更西

的区域，那里已发现了围沟的线索。（岳洪彬等 2011）洹河北岸西北冈一带的王陵区也不断扩大。这时的手工业作坊进入一个大的发展阶段。3 处铸铜作坊及制骨作坊一直沿用，规模也都相应扩大。遗址群最西端一带，又新建了一座制骨作坊。小屯西北地新建了一处玉石器制造场。随着人口的增多，原有的居民点和墓地迅速膨胀。

从考古发现的材料看，以小屯为中心的殷墟遗址群的主体遗存是自武丁开始的，因此，有的学者提出殷墟始迁于武丁。而较之稍早的洹北商城，应处于文献记载"殷"的范围内，因此，盘庚迁殷的地点，最初可能是在安阳洹

安阳殷墟宫殿宗庙区复原

河北岸今京广铁路两侧，至武丁即位，国力强盛，才迁到现在所知的以小屯为中心的殷墟。也有学者推断洹北商城为河亶甲所迁"相"。还有学者认为无法排除"河亶甲居相"的可能，也不能否定"盘庚迁殷"，甚至还有先后存在的可能。（许宏 2016）

以洹南小屯宫殿宗庙区和洹北西北冈王陵区为中心的200余年里，随着人口的增多和社会的繁荣，殷墟都邑经历了规模由小到大、结构逐渐复杂的过程，聚落总面积达36平方千米。宫殿区的范围可能不限于取土沟与洹河围起的70万平方米的区域，而是向西延伸，以人工或自然沟壑为界。但在90余年的田野考古工作中同样未发现外郭城的迹象。

有学者指出，正是吸取了（洹北）疏于防火的深刻教训，小屯宫殿才临河而建，并精心设计，处处防火。而由于洹河边特殊的地理位置，已无法满足再建城墙的需要。这可能是殷墟没有城墙的最主要的原因。（何毓灵等 2011）当然，关于洹南殷墟未筑城的原因，学界还多有推想。最具典型性的推论是，"殷墟这一大邑聚落是通过星罗棋布式的小族邑簇拥着王族城邑而构成的。王族城邑是殷墟大邑商的中心，是都城的心脏，在王族城邑周围，在三十平方公里王畿范围内向心式地分布着层层族邑，这层层族邑的沟通

1935 年，安阳殷墟王陵区商王大墓发掘

安阳殷墟车马坑发掘

青铜王都大邑商

191

联结，形成了似无实有的聚落人墙，起到了聚落屏障或城墙的作用。加上殷墟文化时期的国力强盛和王权的强大威慑力，所以殷墟都城很可能是没有外郭城墙设施的。"（郑若葵1995）作者把这类都邑布局称为"族邑模式"，认为殷墟这种大邑都城形态，可能也直接影响了西周时期的都城丰、镐的形态。

无论如何，在相隔了约200年军事攻防色彩浓烈的二里岗时代后，殷墟的聚落形态又呈现出与二里头都邑相近的状况，并正式进入了直到西周王朝结束近500年"大都无城"的阶段。

商文明，一脚门里一脚门外

说到商文明，我们还要从学理上补充几句。整个人类历史，从文字的有无及其利用程度的角度，可以分为史前、原史和历史三个阶段。史前（pre-history）时代，是没有文字的时代；历史（history）时代也就是信史时代，是有了文献记载的时代；而原史（proto-history）时代，则介于二者之间，是指"文字最初产生时期或文字不起关键作用的时期"（陈星灿 1997）。原史时代，在中国历史上，大致相当于龙山时代（传说中的"五帝时代"）到二里岗时代。为什么下限是二里岗时代呢？因为再下一个时期，就是甲骨文出现的殷墟时代，由于甲骨文这种当时的、带有"自证"性质的文书的出现，殷墟时代相当于殷商王朝后期得到确证，中国历史进入信史时代。确切地说，从商王武丁时期进入信史时代,最早的甲骨文就是那个时期的。

这样，我们就能理解上面讲的武丁之前的洹北商城究竟是哪个王所都，都存在争议。至于郑州商城和偃师商城

安阳殷墟出土甲骨卜辞

司母戊大方鼎及其铭文

究竟为何王所都，也聚讼纷纭，学者们关于偃师商城为何王所都的推测，居然达到七种之多。再早的二里头，则究竟主要是商代早期的都城还是夏代晚期的都城，更是一团迷雾。这些问题，是在像甲骨文这样系统而丰富的文书材料出土之前，仅凭考古发掘和研究根本解决不了的问题。

所以，我们上面的讲述，一直是考古学本位的，比如前仰韶时代、仰韶时代、龙山时代、二里头时代、二里岗时代，而从殷墟时代开始，西周、东周、秦汉以至明清，就可以用文献中的朝代名来命名各个时代了。上古史与考古学领域的两大话语系统（考古学话语系统和古典文献话语系统，如伏羲女娲盘古、三皇五帝、尧舜禹），至此才最终合流，中国历史也由此进入了所谓的"信史时代"。

十一 西周三都的大格局

西周时代（约公元前 1050—前 771 年）

至西周之世，在西周王朝的三大都邑周原、丰镐和洛邑，都未发现外郭城城墙的遗迹。当时的大国鲁国和齐国的都邑，大城城墙也基本上没有踪迹可循。

赫赫宗周之周原

周原位于陕西关中西部，有广义和狭义之别。广义的周原指关中平原西部，岐山之南、渭河以北的狭长区域，包括今天的凤翔、岐山、扶风、武功四县的大部分和宝鸡、眉县、乾县的一小部分，东西绵延70余千米，南北宽约20千米。（史念海1976）其中岐山、扶风两县的北部是周原的中心地区，也就是狭义的周原，东西长约6千米，南北宽约5千米，总面积30余平方千米。

这里古代称岐邑，是周人早期活动的根据地。据《诗经》《史记·周本纪》等文献记载，周人在商代晚期迁到此地，开始营建宫室，成为都邑。公元前11世纪后半叶

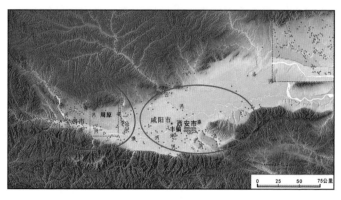

关中平原上的大周原与丰镐遗址（宋江宁 2017）

周文王迁都到丰京以后，这里仍然是周人的重要政治中心，西周初年曾是周公和召公的采邑。整个西周王朝，这里一直是周人祖庙之所在，也是周王朝诸多贵族的重要聚居地。到了西周末年，由于戎人的入侵而废弃。关于周原的性质，则有周城、非姬姓贵族聚居地和都城等不同的看法。（许宏 2017）

周原遗址在数十年的考古工作中也跟二里头和殷墟一样，一直没有发现外郭城城墙的迹象。从文献上看，《诗经·大雅》只说古公亶父率领周人在周原建筑"室家"，建筑宗庙与宫门宫墙，并未提及建筑城郭，可能是一个旁证。有学者认为这是不同于夯土围城的另一种城的类型，也就是因自然山水地形地貌加以挖掘而成的河沟加台地的台城。

它的北边是岐山山麓，东边和西边是较深的沟壑，南边是几条沟汇聚的三岔河。一面背水三面环水，正是建造台城的绝佳地形。（彭曦2002）

在近年的调查中，确认周原遗址存在西周时期的墓地56处，在7处墓地中发现了9座带墓道的高等级大墓。发现并记录手工业作坊50余处，包括制作铜器、骨角器、玉石器、蚌器和漆木器、陶器的作坊。其中齐家沟东岸的6个作坊，形成一个面积约1.1平方千米的手工业区。

在以往发现数十处大型夯土建筑遗存的基础上，确认了130余处单体夯土建筑，分布于43个功能区之中。确认出土青铜器等遗物的窖藏32座，基本上都位于大型夯

周原遗址西周墓葬出土铜器

西周三都的大格局

土建筑区内或单体建筑旁。（雷兴山等 2014）

据称，近年在周原遗址的西北部发现一座夯土小城，整体呈较规整的长方形，面积约 175 万平方米。城址的北、东、南三面有人工城壕，西面以天然大沟王家沟为壕。城墙始建于商周之际至西周早期。大城位于小城东南，基本包括了周原遗址的核心部分，形状规整，面积约 5.2 平方千米。大城应建造使用于西周晚期。关于此项发现，目前仅见于简讯，多处城垣间的相互关系还有待进一步的钻探发掘来确认。（种建荣等 2022）

发掘者认为"此次发现的城址为西周时期规模最大的城址"，"西周晚期时小城相当于王城，小城以东、以南则是郭城"，其实西周王朝分封的诸侯国鲁国都城曲阜，西周晚期始建的城址规模达 10 平方千米，几乎是上述周原"大城"面积的两倍。且在 30 余平方千米的周原遗址中，周原"大城"仅圈围起一部分区域，可知该城圈绝非外郭城。

凤雏建筑群位于小城北部正中，方向与城址完全一致，结合周围存在的大面积夯土，小城北部应是官殿区。著名的凤雏甲组基址坐落在夯土台基上，总面积 1400 余平方米，是一座前后两进、东西对称的封闭性院落建筑。在该基址西厢房的一个窖穴中出土了 17000 余片西周早期甲骨，绝大多数为卜甲，200 余片卜甲上有刻辞。这处建筑

周原凤雏甲组建筑基址复原（傅熹年 2008）

基址周围还有若干建筑基址，形成较大的建筑群。（陈全方 1988）

在扶风召陈建筑基址群内现已发掘了15处夯土基址，其中3座基址规模较大，保存较好。在凤雏和召陈之间的云塘和齐镇一带，也发现了两组平面呈"品"字形、东西并列的大型建筑。

关于这些大型建筑基址的性质，目前尚存在不同的认识。有学者认为岐山凤雏甲组建筑基址应为宗庙，或属大型王宫遗址，也有人认为属贵族宅院或生活居住之所。至于云塘、齐镇的大型建筑，发掘者认为应属宫庙遗存。（许宏 2017）

最新的调查还发现了若干池渠壕沟，干渠与水池相连，由此构成了以水池为中心的四大水系，形成聚落的给排水系统。有些沟渠则可能是聚落或居址区的环壕。此外，还新发现了 13 条道路。

据分析，在周原遗址群中，墓葬与居址往往混杂一处，尤其是工匠或参与手工业生产人员这一特定的人群，其聚族生活之地与聚族埋葬之地应皆处在一个相对狭小的区域内。其中黄堆、贺家墓地规格较高，应为周人墓地；而云塘、齐家、庄白等墓地，特征多类于晚商时期的商人墓，其主人应是广义的殷遗民。（雷兴山 2009，马赛 2010）

赫赫宗周之丰镐

西周王朝的都城丰京和镐京遗址，地处西安市西南沣河两岸。据《诗经·大雅》的记载，周文王"作邑于丰"，又命他的儿子姬发，也就是武王营建镐京。丰京在沣河以西，镐京则在沣河以东，两者隔河相望。文献和考古材料表明，武王继位后虽然迁都于镐京，但丰京并未放弃，整个西周时期，丰京和镐京同为周王朝的政治、经济和文化中心，实际上是一座都城的两个区域。至西周末年，由于戎人入侵，周平王被迫东迁洛邑，丰、镐二京于是被废弃。

据近年的勘查结果，丰京遗址的总面积约8.6平方千米。其中部紧邻沣河西岸，新发现一处面积逾3万平方米的水域，即曹寨水面。通过发掘发现曹寨水面有专门从沣河引水的水道，因而推断其应系人工水域。新近又发现了横贯遗址中部的曹寨—大原村河道，可能为人工挖建。据最新的调查，镐京遗址面积约9.2平方千米。与此同时，在镐京遗址的东界和南界，还发现了一条大体呈西南—东北向的壕沟，已知长度达 4200 米。壕沟西侧，包括墓葬、车马坑在内的西周时期遗存分布较为密集，以东则不见同时期遗存。（考古所等 2016）

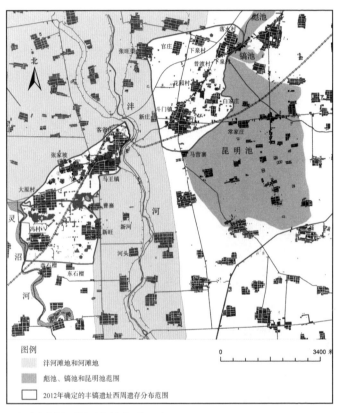

隔沣河相望的丰京和镐京遗址（考古所等 2016）

在丰京遗址北部的马王村和客省庄一带曾发现西周时期的夯土基址建筑群，夯土基址成组分布，已发掘和探明了14座。其中最大的4号基址平面呈T字形，面积达1800余平方米。在附近还发现了用陶质水管铺设的排水设施和残瓦。此外，在夯土基址群所在区域内还钻探出一条宽10余米的大路，已探明的长度约200米。镐京遗址的宫室建筑及贵族居所，沿郿坞岭走向分布在滈河（故道）南岸高地上。在东西长3千米、南北宽2千米的范围内，已发现西周时期的夯土建筑基址11座。最大的5号宫殿基址平面呈"工"字形，主体建筑居中，两端为左右两翼对称的附属建筑，建筑总面积为2800余平方米。（陕西省所1995）上述大型夯土建筑基址群的发现，分别为探索丰京和镐京的中心区域提供了线索。

此外，在丰京区域的张家坡、马王村、新旺村等地发现多处铜器窖藏；在张家坡、客省庄和普渡村等地则发现了分布较为集中的西周墓葬及附葬的车马坑、马坑和牛坑等。位于丰京西北部的张家坡高岗地带是一处大规模的西周墓地，在20余万平方米的范围内已探明西周各个时期的大、中、小型墓葬3000余座。这处墓地由许多面积不等的小墓区组成，每区又以若干座大、中型墓为中心，附近排列着成群的小墓。在一些较大的墓葬附近多陪葬有马

丰京西周贵族墓随葬车马（左）、铜牺尊（右）

坑或车马坑。（考古所 1999）

　　整个丰镐遗址范围内散布着众多的一般居住址和中小型墓葬。此外还在多处发现有制陶和制骨作坊遗址，一些遗址还出有铸造铜器的外范和内模。

　　在丰镐遗址范围内，也没有发现夯土城墙或围壕等防御设施。在丰京遗址，河流以及新发现的面积广大的自然水面或沼泽地构成了天然的屏障，已如前述。至于镐京外围，诚如有学者指出的那样，南、西、东三面都分布着河流，沣河则构成镐京的北界。三条水道形成了护卫镐京外围的天然界河和围壕。（卢连成 1988）

被冷落了的东都洛邑

西周初年，周王朝就着手在洛阳营建东都洛邑，以此作为经营东方、巩固政权的重要基地。据《尚书·洛诰》记载，周公营建洛邑前召公曾来洛相宅，"我乃卜涧水东、瀍水西，惟洛食；我又卜瀍水东，亦惟洛食"，也就是说，所卜地望在涧水以东至瀍水之东、西两岸而近于洛水者皆吉。鉴于此，洛邑应建于瀍、涧二水之间至瀍水两岸一带。

在现在洛阳市的瀍河两岸一带，数十年来不断有西周时期的遗存被发现。这些遗存东西长约 3 千米，南北宽约 2 千米，总面积达 6 平方千米。贵族墓地、车马坑、祭祀坑、大型铸铜作坊遗址、一般居住址、平民墓地、窑址、大型道路等充斥其间，瀍河以东的塔湾村一带则分布有殷遗民的墓区。（洛阳周王城天子驾六博物馆 2019，刘余力 2020）

但在瀍河两岸一带迄今并未发现夯土城垣。所以有学者认为《逸周书·作雒篇》中所谓"郛方七十里，南系于雒水，

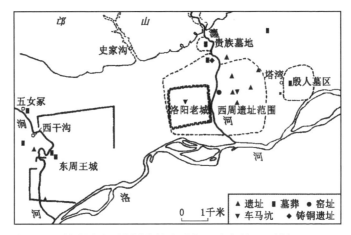

洛阳附近西周遗存分布与洛邑遗址的推定（据叶万松等 1991、饭岛武次 2003 改绘）

洛阳北窑庞家沟出土铜方座簋（左）、铸铜作坊出土陶方鼎范（右）

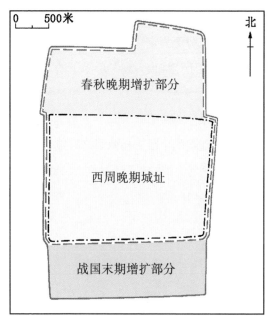

北因于郏山"的"郏"应该并非指城郭，而是周围的自然山川。西周洛邑的发现非常重要，但也许是因为没有城墙，遗存分散，这处都邑遗址至今没有被列为全国重点文物保护单位。这是非常遗憾的事。

在这一区域以西的涧河两岸，发现了不少西周晚期的遗存。其东的汉魏洛阳城下面，也发现了大致属西周晚期的韩旗周城遗址，面积超过4平方千米，略呈横长方形。（考古所洛阳汉魏城队 1998，许宏 2017）至于西周晚期在成周旧地以东地势更为宽阔的汉魏洛阳城一带筑城，有学者认为应该是出于"淮夷入寇"形势下的军事原因，因而瀍河两岸的西周洛邑（成周），与汉魏洛阳城内的西周城应具有承继关系。（徐昭峰 2019）更有学者认为汉魏洛阳城下夯土城垣建造的上限应在两周之际或春秋早期，其始建年代与洛阳涧河之滨的东周王城同时，或与周平王东迁有关。（梁云 2008）

十二 东周列国的城建高峰

春秋战国时代（公元前 770—前 221 年）

公元前 770 年，周平王迫于戎狄袭扰，放弃丰镐，东迁洛邑，到公元前 256 年，周为秦所灭。因为都城洛邑在旧都丰镐之东，史称东周。如以公元前 221 年秦王朝统一中国为下限，整个东周时代历 550 年左右，又可大体分为春秋和战国两大时期。关于战国时期的起始年代说法不一，目前学界多认可《史记·六国年表》的观点，以周元王元年（公元前 476）作为春秋、战国时期的分界。这一波澜壮阔的时代，政治上列国分立，各自立都，多元竞争；经

春秋

战国　　　　　　0　500公里

春秋战国时代的国际形势（据小沢正人等 1999 改绘）

东周列国的城建高峰

215

济上手工业兴盛，贸易繁荣；思想文化上百家争鸣；军事上兼并战争频繁。

与此同时，筑城扩城运动大规模展开，《战国策》形容为"千丈之城，万家之邑相望"。具有防御功能的城邑呈爆发式增长的态势，迎来了继龙山时代之后，以垣壕为主的中国城邑营建史上的第二个高峰期。据最新的统计，已公布材料或见于报道的春秋战国时代的城邑达600余处，超过了本人统计的先秦时期全部城邑的半数。（许宏2017）设防城邑林立，与诸国争霸兼并、战乱频仍，进入分立的集权国家阶段的政治军事形势是分不开的。至此，以夯土版筑为特征的华夏城邑群，扩大至东亚大陆宜于农耕的绝大部分地区。

"大都无城"的余绪

通过对二里头至秦汉时代都邑的梳理分析，我们知道其都邑布局的主流是"大都无城"，在绝大部分时段并未构筑起外郭城的城墙。贯穿殷墟至西周时期500余年历史的"大都无城"的现象，甚至残留到了周王朝末期的春秋时代。最新的发现与研究成果表明，在这一时期的若干都邑中，还保留着"大都无城"的聚落形态。这里，我们试以洛阳东周王城、侯马晋都新田、荆州楚都纪南城和凤翔秦都雍城为例分析之。

东周王城

东周王城城址位于中原腹地洛阳盆地内涧河和洛河交汇处，现河南省洛阳市区内。最新的研究结果表明，东周王城城墙的始筑年代不早于春秋时期，不晚于战国时期。与此同时，检核历年来东周王城遗址的考古发现，以战国时期的遗存最为丰富，包括夯土建筑基址、道路、粮仓、窑场居住址、水井、灰坑和墓葬等。早年参与发掘工作的学者已指出该城的繁荣时期当在战国。尤为重要的是，新世纪以来对东周王城东城墙的多次解剖发掘，都证明其始筑年代已入战国时期，战国中晚期又进行了增筑。从春秋遗存的分布上看，平王东迁之王城也应在遗址范围内，只不过春秋时期的王城没有郭城。东周王城的城墙始筑年代是在战国时期。（徐昭峰 2019）

在宫殿区东北一带，屡有东周时期带墓道的大型墓葬

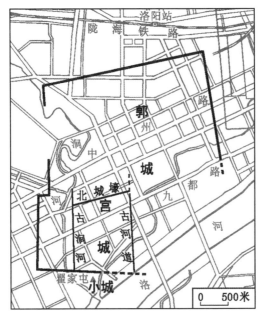

洛阳东周王城（据徐昭峰 2019 改绘）

洛阳"天子驾六"车马坑

城的中国史

和车马坑、殉葬坑发现。建于战国时期的东周王城东城墙内外春秋时期的高等级墓葬和车马坑连为一体，表明这一带都应是春秋时期王陵区的组成部分。值得注意的是，上述现象，暗示着战国时期修建郭城城墙时，已无视春秋时期高等级墓地甚至王陵区的存在，而将其拦腰截断。

至少名义上延续周王朝国祚的春秋时期的周王城，在聚落形态上也延续了西周王朝都邑"大都无城"的布局传统，这是很耐人寻味的。

晋都新田

晋国晚期都城新田遗址位于山西省侯马市市区附近。整个新田遗址在东西9千米、南北7千米（实际面积在40平方千米）的范围内分布着7座小城及宫殿基址，盟誓、祭祀遗址，铸铜、制陶、制骨、石圭等手工业作坊遗址，居住遗址和墓地等大量遗存，时代约当春秋中期至战国早期。整个都邑遗址没有外郭城，浍河和汾河在都邑以西交汇，形成天然屏障。

在已发现的7座城址中，3座较大的相互连接，呈"品"字形，应是当时晋国公室的宫城所在。位于其东面的4座

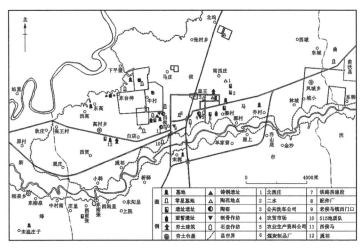

侯马晋都新田（梁云 2008）

城址规模都较小，其主人应当属拥有相当权势的卿大夫一类人物。位于侯马市西南 15 千米的浍河南岸峨嵋岭北麓的新绛县柳泉的一处大型墓地，面积约 15 平方千米，由数组大墓及陪葬于周围的中、小型墓组成，时代大体属春秋中期到战国中期，与侯马晋国遗址时代一致。调查发掘者推测该墓地应为晋公陵墓区。（山西省所侯马工作站 1996）

著名考古学家俞伟超先生在论述东周城市布局的总体特点时指出，"居民区从分散的状态到集中在一个大郭城内，看来是经过了一个逐步变化的过程"，而晋都新田应是从西周的分散状态到战国时城郭并举的都邑发展的一个中间环节，"也许，商代至西周都城分散的居民点，到此时在某些都城已发展成分散的几个小土城；战国时，又集中为一个大郭城"（俞伟超 1985）。可知晋都新田在西周时代的"大都无城"和东周时代的城郭盛行之间，具有承上启下的历史地位。

楚都纪南城

湖北省荆州纪南城遗址位于长江北岸。据考古材料，圈围面积约 16 平方千米的纪南城城墙的始建年代不早于春秋晚期，城周围已发掘的楚墓的修建年代绝大多数也为春秋晚期至战国中晚期之交。对纪南城南城墙最新的发掘成果则表明，城垣的始筑年代不早于战国早期。（湖北省所 2015）这大体上表明了该城的繁荣时间。

文献记载表明春秋时期的郢都可能在一段时间内并无郭城，郭城城墙工程经历了一个不断扩建增修的过程。关于楚国"城郢"的记载数见于《左传》，表明到了春秋晚期时，郢都仍然没有完全闭合可以御敌的城墙。可知伴随着频繁的国内政治斗争，楚国都城城墙的建筑大概也经历了较为曲折的过程；现存郢都城城墙则是随着楚国国势的

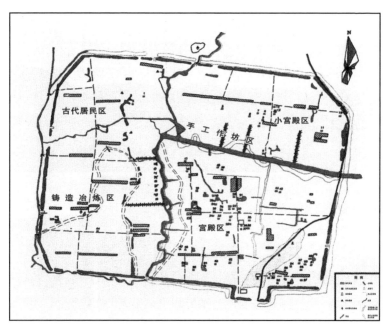

荆州楚都纪南城（徐文武 2016）

日益强盛而不断扩展增筑的结果。

有学者由分期入手，对楚都纪南城做了动态解读。由其分析可知，郢都在春秋时期并无大城。而楚都纪南城现存的城垣与遗存布局，反映的是战国时期楚都的情况。另有学者更推定楚都只存在于战国中期至战国晚期之际，或纪南城应是战国中、晚期的楚郢都。（许宏 2017）无论如何，带有外郭城的纪南城属于战国时期，是没有问题的。

秦都雍城

春秋至战国早期的秦国都城雍城遗址，位于陕西省凤翔县城南，地处关中平原西部的渭水北岸。

现知整个雍城遗址由城址、秦公陵区、平民墓地和郊外建筑基址等遗存组成，分布范围约 51 平方千米。最新的考古发现表明，秦国在以雍城为都近 200 年之后的战国时期才开始构筑城墙。初期雍城外围分别以四周的雍水河、纸坊河、塔寺河以及凤凰泉河为界，自然河流成为主要城

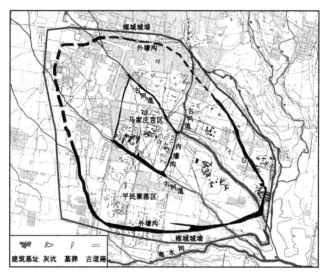

凤翔秦都雍城（田亚岐 2015）

防设施。以水围城，并将临水的河谷挖深，使河堤陡直、河岸增高以加强城防安全。（田亚岐 2013）

在城址区范围内，各聚落之间形成广阔的空隙，其间除道路遗迹外，没有发现雍城为都邑时期的居址、作坊或其他活动遗迹，发掘者推断当为农田区域。这表明都邑的布局是偏于松散的。

城址西南 10 千米的三畤塬，是秦公陵园区所在。陵区东西长约 7 千米，南北宽近 3 千米，总面积达 21 平方千米。已探明的 14 座分陵园占地面积 200 万平方米，发现大墓及车马坑、祭祀坑等 50 余座。已发掘的秦公 1 号大墓全

陕西凤翔秦公 1 号大墓

长 300 米，总面积达 5300 余平方米，是已发掘的先秦墓葬中最大的一座，初步确认大墓的墓主人应为春秋晚期的秦景公。（宝鸡先秦陵园博物馆 2010）

综上所述，国势相对强盛的二里头至西周时期"大都无城"的状态，并未随着战乱频仍的春秋时代的到来戛然而止，而因其历史惯性有所残留，这显然是我们深入认识春秋时代社会的又一个重要线索。到了兼并战争更为惨烈的战国时代，"大都无城"的现象才基本退出了历史舞台，中国历史进入了一个"无邑不城"的新的发展阶段，与春秋时代又不可同日而语。

城建高峰面面观

　　总体上看，春秋时期开始兴起的筑城运动可分为以下两种情况：

　　第一，各国政治上相对独立性的增强，国与国之间战争的日渐频繁，导致各国从自身利益出发，在原本没有垣

拱卫赵都邯郸的河北隆尧柏人城遗址

壕的邑落尤其是地处边鄙要塞的邑落普遍构筑防御工事，原有城邑也大多突破西周以来的筑城规制，不断增筑扩充。绝大部分城池都是出于军事目的而修筑的。

第二，如果说春秋前期主要是诸侯国间兼并的话，那么到了春秋后期，列国内部都经历了剧烈的社会变革，进入了卿大夫兼并的阶段。在这一过程中，大夫采邑也逐渐突破等级城制的约束，逾制筑城者屡见不鲜。到了春秋晚期，卿大夫采邑筑城已成了普遍的现象。

旧的等级城制遭到破坏，新的城市不断涌现，春秋时期正处于这一大的历史变革的过程中。这一过程充满着新旧间的矛盾和斗争，春秋时期的筑城运动也因此带有极为浓厚的过渡色彩，为战国时期城市的最终转型与全面发展奠定了基础。进入战国时期，政治上兼并战争愈烈，七雄争霸的局面最后形成；经济上，铁器的广泛使用和农业的发展促进了整个社会经济的繁荣及人口的大量增长。城市的空前发达与性质的转变是这二者交互作用的直接结果。

这一时期的城址数量激增，除大量新筑城外，春秋时期的城址在此期也多被补修增筑而延续使用，规模比以往更大。兴筑于战国时期的七雄都城如赵都邯郸、齐都临淄、楚都寿春、秦都咸阳、燕之下都的面积都已达 20~30 平方千米。至此，列国境内已是无邑不城了。

战国时期大规模筑城运动中出现的新的城址类型，主要有以下两种：

一是郡县城。进入战国后，各国普遍实行了郡县制，由是形成了国、郡、县、乡等一套较为系统健全的统治机构。设县之处必有城，城市之邑多为县，所以史书上往往"城"与"县"互称。这种类型的城址，最突出地反映了春秋战国之际城市性质的变化，即城市的构成由建立在宗法制度基础上的王城、相对独立的诸侯国都及卿大夫采邑，变为集权国家的都城及作为其股肱的地方行政管理机构——郡县城。可以说，作为中央集权统治的有力工具，郡县城的出现，为秦汉时代大一统局面的最终形成铺平了道路。

二是军事城堡。最初出现的郡县城都位于边地，一般都具有浓厚的军事防御或扩张的色彩。从这个意义上讲，这些郡县城本身就带有军事城堡的性质。春秋及其以前的国土的概念是由"国"与"野"组成的"点"而非领土国家那样的"面"，春秋时代也往往不在国境和险要地带屯兵设防，因此可以说，军事城堡的大量出现，是战国时期领土国家产生之后的事情。进入战国时期，随着战争的加剧，各国都在边境和交通要道上利用山川之险修筑关塞，设置亭、障。亭是瞭望台；障则是规模较大的城堡，设尉卒驻守。（许宏 2017）

另一方面，随着战国时期社会经济的迅猛发展，官营手工业的"工商食官"制度解体、私营工商业力量成长壮大，城市的工商业高度繁荣。作为政治、军事中心的城市，一般也是工商业发达的都市。城市作为商业贸易中心的经济职能的大幅度增强，也是春秋战国时期城市转型与发展的重要标志，在中国城市发展史上具有划时代的意义。

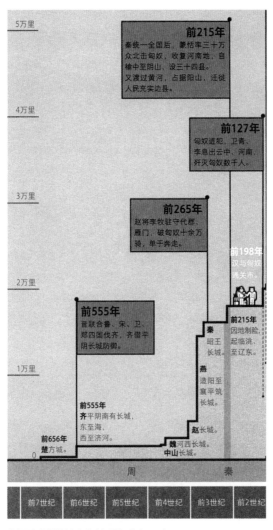

先秦至秦代的长城大事件（帝都绘工作室 2019）

城的中国史

宏观：列国城邑分区

从空间分布上看，东周列国的城邑可以划归 6 个大的文化区。本书的分区方案，主要采纳了《东周与秦代文明》（李学勤 2017）中文化圈的划分意见并有所调整。以各文化区纳入华夏文明体系的先后为序：

中原文化区：以黄河中游地区的周王朝、晋国及后来的三晋（韩国、赵国、魏国，不含赵国北部）为中心。

齐鲁文化区：以黄河下游地区的齐国、鲁国为中心。

楚文化区：以长江中游地区的楚国为中心，及于淮河流域大部的楚文化影响区。

吴越文化区：以长江下游地区的吴国、越国为中心。

秦文化区：以关中地区的秦国为中心。

北方文化区：以晋陕高原北部至燕山南北的燕国、赵国北部及中山国为中心。

其中，中原文化区与北方文化区，中原文化区与楚文化区的交会地带较为模糊，大致以现甘肃庆阳，陕西延安，山西吕梁、太原、阳泉，河北石家庄、保定、廊坊和天津市的南界为中原文化区北限；以现河南南阳、漯河、周口市的北界为中原文化区的南限（平顶山市南部的叶县、舞钢市，划为楚文化区）。

在上述6大文化区城邑集中分布地域以外，还见有零星城邑，可以通过它们大致推定"华夏城邑群"的分布范围。而西南文化区以巴国、蜀国、滇国等为中心，基本不见围垣、环壕，或多以栅栏、篱笆等为区隔/防御设施。

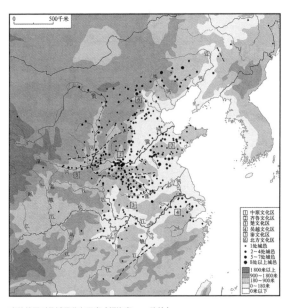

春秋战国时代城邑分布示意（据许宏2017改绘）

微观：城邑形态分析

从平面形制上看，春秋战国时代的城址大多呈长方形或方形，相对较为规整，有较明确的方位意识。这首先与夯土版筑城垣的建筑技术有密切关联，同时也是因城址一般地处沿河的高地或平原地带，可以使规划设计得到最大限度的实现。少量的不规则形城址，大都坐落于丘陵地带，依河流走向或地势起伏筑建城垣，则是因地制宜的产物。比如以河涧为屏障的偃师滑国故城、刘国故城，因山势筑城的平山中山灵寿城、龙口归城和邹城邾国故城等。即便是较为规整的城址，也只是讲求大致的方正，是总体设计与因地制宜的有机结合。正如《管子·乘马》中所言："凡立国都，非于大山之下，必于广川之上。高毋近旱而水用足，下毋近水而沟防省。因天材，就地利，故城郭不必中规矩，道路不必中准绳。"在筑城规制上显现出更多的务实思想。

在春秋战国时期城邑的具体布局上，我们尚未发现成为主流的、带有规律性的所谓模式。许多城邑的布局格式

山东龙口归城遗址

是随着城市社会的迅速发展，在老城区之外扩建新城区而形成的。因新的城市形态产生于不断"违制"的过程中，各国在政治上又处于分裂状态，故在城市规划方面不可能有统一的体制或模式，都是因地制宜地向外发展。《考工记·匠人》所载回字形内城外郭的方正布局没有现实的例证，著名史学家杨宽先生提出的"西边小城联结东边大郭"的格局成为这一时期都邑布局之主流的看法（杨宽

城的中国史

1993），也未得到考古学上的证明。内城外郭只是相对而言，以主要诸侯国都邑为主的各城邑在城郭安排上极具灵活性，小城的一面或两面城墙利用大城城墙的做法较为普遍，城郭分立的例子也并不鲜见。因此，将这一时期的城郭布局概括为"两城制"（徐苹芳 1995）是十分恰切的。同时，虽然主体建筑已有按中轴线布置的意向，但多着眼于宫殿区局部，如邯郸赵王城以龙台为核心的宫殿区中轴线布局、燕下都以武阳台为中心的宫殿中轴规划等。总的看来，这一时期尚未形成像后世那样较为严格、规整的都城中轴线布局，对于宫殿区以外的建筑并无严格的规划和安排。

赵都邯郸赵王城"龙台"鸟瞰

东周列国的城建高峰

这些城邑在规模、结构与内涵上存在着显著的差异。内外结构即狭义的城郭结构（内城外郭），又被称为"集聚型城（concentric city）"；并列结构则可看作一种广义的城郭结构（城郭并立），又被称为"双城（double city）"。（Steinhardt 1990）后者一般仅见于战国时代，或为狭义城郭结构的一种破坏形式。上述两种复合式区隔方式集中见于较大型的城邑，尤其是都邑。

都邑格局的巨变

依据考古发现，始建于春秋时期的城址已经多见有城郭布局。据文献知，郑国都城新郑在春秋中期已有郭城，现在已被考古发现所证明。《左传》中所记修筑郭城的事例最早见于公元前 648 年。可知至少到春秋中期，诸侯国都城已较为普遍地兴筑起外郭城了。进入春秋晚期以至战国，则普通城邑也多有城郭了。

外郭的建造大多是伴随着旧城的改造与扩建同时进行的，战国时期新建的城池则直接采用了城郭兼备的形式。从这个意义上讲，郭是等级城制的破坏形式。另一方面，春秋战国时期人口的增长大量集中于城市，以及随之而来的市民社会地位的提高、城市经济的发展，既为外郭城的筑建提供了必需的人力与物力，同时也是促使其产生的一大动力。所谓"造郭以守民"之"守民"，恰切地道出了外郭城筑建的社会经济和军事意义。

经济职能与民居规划

从中原早期王朝以宫庙为核心的政治性都邑到由主要作为政治中心的城和主要作为经济中心的郭两大部分共同组成城市，这是与郡县城的出现并列的、昭示着春秋战国城市性质转变的最重要的标志之一。随着城市商品经济的发展，位于郭内的闾里及工商业迅速增长，特别是"市"已发展为城市各阶层居民进行公共交换甚至社会活动的场所，成为城区内的一个极其重要的组成部分。而主要位于宫城内的宫室用地虽相应地有所扩大，但与郭城相比则又相对地有所减少。可以说，把"城"与"市"融为一体的城市是在战国时期开始出现的。

与前代相比，这一时期城市所具备的经济职能是颇令人瞩目的。不少都邑如齐都临淄、燕下都、秦都咸阳的宫殿区内或其近旁都分布着若干手工业作坊，有些规模甚大，性质重要，说明这一时期的官府手工业还占有较大的比重。同时私营工商业迅速发展，各都邑郭城内所发现的门类齐全的各种手工业作坊，大部分应该属于这一类。与之相应的是商品经济的兴盛发达，其集中表现莫过于市场。市场不易留下确切的痕迹，所以在考古发掘中比较难以辨识。根据学者对出土陶文的考证分析，战国时期的齐、燕、秦等国的都城都设有若干市，可知这一阶段是实行一城多市制的。（裘锡圭1980，宋镇豪1990）工商业的发达导致了城市经济的繁荣，一派升平景象。至此，城乡分化已脱离了半城半乡的初始状态，城市经济和城市生活达到非常繁荣和集中的程度，城市的发展进入了一个新的阶段。

与城市经济的发展相对应，这一时期城市的居民构成也发生了很大的变化，新的民居规划逐渐形成，与之相应的较严格的民居规划与管理体制开始出现。首先是居民区

战国七雄的货币（秦始皇帝陵博物院2019）

东周列国的城建高峰

从分散状态逐渐集中于郭城之内，郭城内分布着官署、居住区、手工业作坊和商业区。把百姓安排于郭城内，则外可御敌，内可防乱。从传世文献和陶文等出土材料所提供的信息看，郭城内的居民以里为基本的居住单位。这种新的居住单位，已经是一种地域组织，但同时聚族而居的传统仍有保留。（李学勤 1959）实际上这种传统在我国历史上长期存在。由文献知，这一时期的里周围筑有密闭的围墙，里门称"闾"，设官吏管理。到了秦代，里已逐渐由地域组织演变为基层行政组织。

从内城外郭到城郭并立

一些学者主要依据文献资料对春秋时期的城郭布局进行了复原，认为将宫城置于郭城之中是这一时期城郭布局的正体。如《春秋》中两次提及的鲁"城中城"之"中城"，一般认为应即鲁城内的宫城所在。如前所述，由《左传》《史记》中围城焚郭等事件所提供的线索，知春秋姜齐都城也是郭内有宫城，且位于中心地带。这一推断在考古学上亦有线索可寻。春秋时期的新郑郑都，始建于春秋晚期的楚郢都纪南城、魏都安邑禹王城都大致有内城外郭的布局。

从现有的考古材料看，凡战国时期新建或改建的都邑，格局都为之一变，出现了将宫城迁至郭外或割取郭城的一部分为宫城的新布局。这种变化似乎还可以更为简洁地概括为从内外结构（内城外郭）变为并列结构（城郭并立）的形式。就城郭的相对位置而言，战国时期的列国都邑大体上可分为两类：一是宫城在郭城之外，如临淄齐故城、新郑韩故城、邯郸赵故城等；二是割取郭城的一部分为宫城，如曲阜鲁故城、易县燕下都（利用河道分割宫城与郭

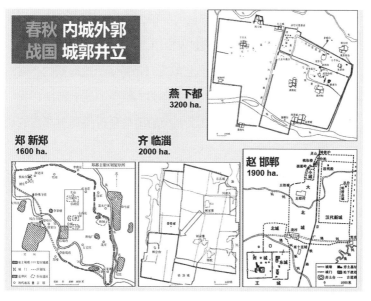

从内城外郭到城郭并立

城），楚都纪南城似乎也可以归入此类。如果说内城外郭的格局是春秋时期"卫君"的最佳设防，那么随着社会矛盾的日益尖锐，各国统治者竭力使自己的栖身之所脱离居民区的包围并满足其恣意扩建宫室的奢欲，似乎就成为战国时期各国都邑新格局出现的主要原因。而军事、国防设施等的长足进步，也使宫城单独设防成为可能。伴随着主要诸侯国都邑规模的巨大化，宫城的规模也较之春秋时期大幅度扩展，构成了战国时期都邑建制的一个显著特点。(许宏 2017)

通过对秦汉时代都邑的分析，我们知道春秋战国时期城郭布局的兴盛和形态变化，在中国古代都城发展史上，是前无古人后无来者的。它似乎只是特定历史时期的产物，并非都邑单线进化史上一个必然的链条。这一特征，我们还可以通过下文中对秦汉城市的简略分析得到更深切的认识。

十三　帝都不设防的霸气

秦汉时代（公元前 221—公元 190 年）

秦汉时代大一统局面的形成，社会经济的持续繁荣以及边地的大规模开发，促进了城市的进一步发展。几座大型帝都更是以新的风貌傲立于世。

秦都咸阳：有城还是无城

在对秦国都城的研究中，有学者提出了"非城郭制"的概念。持这种观点的学者指出，与兴盛于东方列国的"两城制"的城郭形态不同，从雍城到咸阳，秦国都城一直采用了一种"非城郭制"的格局，并对汉代国都的城市布局产生了深远的影响（韩国河等 1992）。的确，在战国时期城郭布局盛行的大势中，秦都咸阳尤其给人一种"异类"的感觉。

秦都咸阳是战国中晚期秦国及秦王朝的都城。遗址位于关中平原中部的咸阳原上、渭水两岸。据《史记·商君列传》，秦孝公十二年（公元前 350），"作为筑冀阙宫庭于咸阳，秦自雍徙都之"。到秦二世三年（公元前207）秦王朝灭亡，秦以咸阳为都共140余年。

秦都咸阳城的考古工作开始于1950年代末期，虽然发现了大量与秦都咸阳密切相关的各类遗存，但迄今尚未发现大城城垣，都城的形制布局也不甚清楚。

秦都咸阳所处地势北高南低，由渭河北岸的咸阳原向渭河河谷逐渐低下。在地势高敞的咸阳原上，已发现了由20余处夯土建筑基址组成的庞大的宫室基址群。在这一范围内大体居中的位置，还探明了一处东西向、长方形的夯土围垣设施，面积达数十万平方米。围墙修筑于战国时期，

秦都咸阳北坂1号宫殿基址

假定中轴

复原正视图

0　5　10米

复原透视图

秦都咸阳北坂1号宫殿建筑复原（陶复1976）

发掘者认为应是秦都咸阳的宫城——咸阳宫遗迹。（王学理1999，陕西省所2004）

　　如何解释秦都咸阳遗址不见外郭城墙的考古现状，学者们意见殊异。长期从事调查发掘的王学理先生将诸多观点归纳为"有城说"和"无城说"两大类，"有城说"又包括以下几种不同的解释：

　　一是"水毁说"，倾向于城址全部毁于渭河的冲决。

　　二是"临水说"，也可以说是"半毁说"。此说认为尽管渭河北移，但城址主要部分并未被冲掉。

　　三是"水郭说"，推测存在一个没有城墙、"四面环水"的郭城。

"无城说"的代表人物就是王学理先生。他指出，秦都咸阳实际是个有范围而无轴心、有宫城而无大郭城的城市，在布局上呈散点分布的交错状态，作为政治中枢的中心建筑也未定型，这一状况的出现，是由于秦国处于特定的历史条件。针对"半毁说"，王学理指出，"如果渭水北移冲去咸阳的一部分，势必在今北岸的地层中留下两处墙基断岔。但迄今在这一带没有发现有关城的任何痕迹"，"几十年来考古工作者的多人多次勘查竟未获得蛛丝马迹的线索，不能不说是一个重要的信息"。他注意到咸阳的宫室众多，多设宫城，宫自为城，卫星城星罗棋布，再加上首都地域辽阔，就未必再筑咸阳大城。（王学理1999）

　　目前，支持"无城说"的学者呈增多的趋势，他们大体一致的意见是：秦都咸阳是一个缺乏统一规划思想指导的不断扩展的开放性城市，其范围从渭北逐步扩大到渭水以南，最终形成了横跨渭水两岸的规模。（许宏2016）有学者更论证秦都咸阳的外郭无垣，除了战时"无暇作长治久安式的全景规划"，还应与统治者心中的"天下""宇内"思想的成熟有关。（梁云1998）

　　看来，关于秦都咸阳的布局结构，还有待进一步探究。

　　从文献记载和考古发现看，随着秦的国势渐强和兼并战争的不断深入，约当战国中晚期之交，秦都咸阳开始向渭河以南扩展，多处宫室苑囿应始建于此时。就目前的材料看，秦都咸阳外郭城城墙尚无考古线索可寻。在渭河两岸几十平方千米的范围内，各类遗存分布广泛，取开放之势。秦始皇时更积极向渭南发展，"乃营作朝宫渭南上林苑中，先作前殿阿房……周驰为阁道，自殿下直抵南山。表南山之巅以为阙。为复道，自阿房渡渭，属之咸阳，以象天极阁道绝汉抵营室也"（《史记·秦始皇本纪》）。分布于

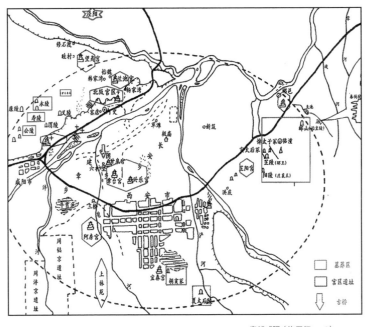

秦都咸阳（许卫红 2016）

咸阳城周边的这些离宫别馆是整个都城的有机组成部分。可以说，直至秦末，秦都一直处于建设中，范围不断扩大，整个城市的重心也有南移的趋势。

同时，秦王朝还划都城所在地区为"内史"，建立以咸阳城为中心的京畿，并"徙天下豪富于咸阳十二万户"（《史记·秦始皇本纪》）以充实之，形成更大规模的首都圈。从某种意义上讲，秦都咸阳是一座未完成的城市。

汉长安：是城还是郭

位于现西安市西北郊的汉长安城，是西汉王朝和新莽王朝的都城。都城始建时间在公元前 202 年，整个都城历史 200 余年。1956 年以来大规模的系统调查、钻探与发掘，使得这座都邑的面貌不断清晰起来。（刘庆柱等 2003，考古所 2010A）

汉长安城南倚龙首原，北临渭河，周围地势开阔，由南向北缓缓倾斜，城垣圈围起的面积约 34.4 平方千米（原测量数据为约 36 平方千米）。依最新的估算结果，汉长安城中官室建筑的面积近 17 平方千米，占据了整个城市面积的近二分之一。

据文献记载，城墙是汉惠帝时围绕着先期已建好的长乐宫、未央宫及武库、太仓等重要建筑而兴建的，而且西、北方向迁就河流走向，所以城址的形状不甚规则。汉武帝时国力强大，除在城内修建了北宫、桂宫和明光宫等官室建筑，还在城西兴建了规模宏大的建章宫，在城西南整修

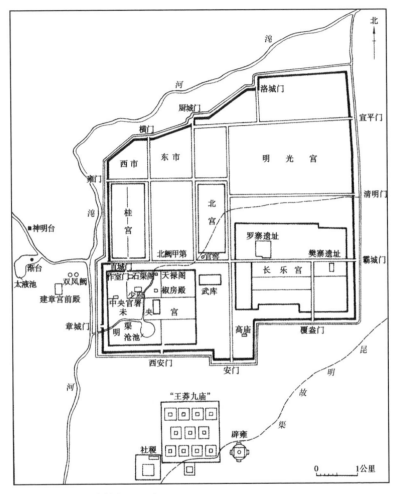

西汉长安城（考古所 2010A）

汉长安城未央宫椒房殿基址

扩建了上林苑等离宫苑囿。西汉末年和新莽时期，又在城南郊修建了"九庙"和明堂、辟雍等礼制建筑。

就是这样一座长安城，却引起了巨大的争议。争议的最大焦点是：用城垣围起的长安城，究竟是城还是郭？

汉长安城的城址面积小于早它 1000 余年的商代晚期都城安阳殷墟遗址群（约 36 平方千米），略大于战国时代城址面积最大的诸侯国都城——燕下都（约 32 平方千米）。可见，假若城址就是作为一代帝都的汉长安的外郭城即全部都邑的范围，它真的并不算大。

针对汉长安城发现以来的主流观点——30 多平方千米的城址就是汉长安城的外郭城，著名历史学家杨宽提出了不同的意见。他认为汉长安城很明显属于宫城（即内城）的性质，长安城内，主要由皇宫、官署、附属机构以及达官贵人、诸侯王、列侯、郡守的邸第所占据，一般居民的"里"所占面积不大，而且从长安城的发展过程来看，它就是由宫城扩展而成的。（杨宽 1993）

对此，主持长安城田野考古工作的刘庆柱认为，确认汉长安城为宫城的论点是不能成立的。因为历代宫城中都没有一般居民的"里"夹在其中。就此而言，如果承认汉长安城中有一般居民"闾里"的话，那么它就不可能是宫城。因为宫城是围绕皇宫（或王宫）修筑的城。（刘庆柱 1987）杨宽则申论道，这种宫城不同于后世只建皇宫的宫城。若以后世的都城制度来衡量，这种宫城就具有内城的性质。

二者对宫城概念的不同解释，差异在于杨宽取的是广义，而刘庆柱取的是狭义。其实，内城、小城、宫城本不易做明确的划分。小城、内城、宫城在一定情况下通用，应是有其合理性的。

其实，从关于长安城的几种经典性论著中，就可以窥见学术界对这座帝都形态认识上的变化。在 1984 年出版的《新中国的考古发现和研究》一书中，编写者当时即指

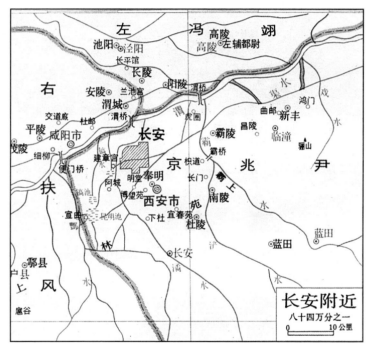

西汉长安附近遗迹分布（谭其骧 1982）

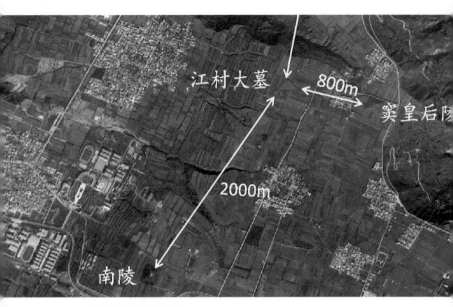

最新确认的汉文帝霸陵位置

出"整个长安城主要是作为帝王与贵族官僚的专用城市而
存在的",同时把城南郊和东郊的礼制建筑遗址作为长安
城的组成部分加以介绍。(考古所 1984)随后出版的《中
国大百科全书·考古学》"汉长安城遗址"条中,还提及
上林苑和昆明池。(《考古学》编辑委员会等 1986)

而据《汉长安城》一书(刘庆柱等 2003)所述,除城
圈以内的遗迹外,还包括礼制建筑、离宫和苑囿以及汉长
安城附近的诸陵邑。看来,即便坚持认为汉长安城的城圈

即郭城的学者，也不否认上述城圈以外的部分属于汉长安城的重要组成部分。

杨宽认为，长安城外存在着较大的郭区，其中北郭和东郭面积较大。当时的渭水位于北城墙以北1.5千米以外，渭水实际上就具有北郭以外大城壕的作用，而长安的东郭则是利用漕渠作为防御的城壕。城外也的确发现了制陶作坊、铸钱作坊和钱范窖藏（发现"五铢"钱模）等。

而不认同汉长安城有"大郭"的刘庆柱也承认，"西汉中期，汉武帝修筑漕渠……形成了汉长安城以东的一条屏障，西汉中期以后，人们也就把这条渠与宣平门以东的祖道交汇处称为'东郭门'（即东都门）……所谓东都门不过是座象征郭门的建筑"。

或许，汉长安城的城郭布局和人们的认同，有一个动态发展的过程。合理的推想是，汉惠帝筑城时是先以城池为郭，等到武帝时国力强盛，人口剧增，遂"以城中为小"（《汉书·东方朔传》），在城外兴筑建章宫、扩展上林苑等，城外也有很多居民，于是当时的人以渭河和漕渠为郭，这应当是可能的。

帝都不设防的霸气

秦汉二都设计思想探源

说到西汉长安城的"源",问题就开始复杂起来了。张衡《西京赋》评价汉长安城"乃览秦制,跨周法"。学者对此多有引用,但具体解释则有所不同。

从社会形态上看,秦汉帝国与西周王朝,是以强势的王权和兴盛的国力为共同特征的。这里的"跨周法",或许应是对"大都无城"的西周王朝都城制度的继承和发展,而非对礼崩乐坏、乱世争防的东周城郭形态的模仿,正如孔子所谓"周监于二代,郁郁乎文哉!吾从周"(《论语·八佾》)。此时的郭区已成为观念上的郭区,即一般以都城所处大的地理环境为郭。秦汉时代的这种都城规划思想,是与当时大一统的、繁盛的中央帝国的国情相一致的,因此其都城建制也远非战乱频仍时代筑城郭以自守的诸侯国的都城所能比拟。从这个意义上讲,汉长安城"跨周法"的最大特征,也许正是显现出帝王之都宏大气魄的"大都无城"。

作为前后相继的帝国都城，秦都咸阳和汉长安城在布局和设计思想上存在内在的关联，也是可以想见的，不少学者参与过讨论。杨宽先生认为西汉长安的设计规划确是沿用秦制，以秦都咸阳为模式而有所发展的。（杨宽1993）这一论断，应当说是有道理的。但秦都咸阳究竟是怎样一种设计规划模式，汉长安城又在哪些方面对其继承并有所发展，至今莫衷一是，需要做深入的探讨。

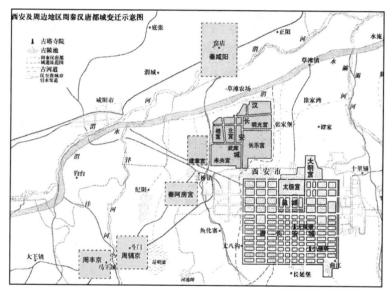

西安一带周秦汉唐都邑变迁示意

帝都不设防的霸气

东汉洛阳：最后的无郭之都

　　尽管对汉长安城的布局结构诸问题有较大的争议，但学者们对紧随汉长安城之后兴建的东汉洛阳城却有相当的共识：

　　第一，东汉洛阳城的都城朝向已坐北朝南，规划性比扩建而成的汉长安城稍强。但就全城而言，中轴线的规划思想也并不鲜明。魏晋以降都城中普遍存在的中轴线布局，特点是以从宫城正门南伸的南北向长距离主干大道为轴线，对称布置整个城区。一般认为，这种规划尚未见于秦汉都城，开这种规划制度先河的是曹魏邺城。

　　第二，东汉洛阳城城圈属于内城，城内宫殿区的面积仍然较大，仍处于以宫室为主体的都城布局阶段。

　　宫殿区规模的巨大化是从战国到东汉时期都城布局的一个显著特点。杨宽认为"洛阳城依然属于内城性质。南宫和北宫不仅面积很大，而且占据城中主要部位……宫殿、仓库、官署，和西汉长安一样，布满整个都城之内"，"洛阳整个城属于'皇城'（内城）性质"（杨宽1993）。的确，总体上看，东汉洛阳城内宫苑面积达全城总面积的二分之一左右。一般居民多居于城外，3处著名工商业区中的南市和马市也都位于城外。

第三，东汉洛阳城虽有较大的郭区，但并无具有实际防御作用的郭城城垣。

杨宽根据《洛阳伽蓝记》的记载指出，洛阳的南郭就是南城墙与洛水之间东西宽3千米、南北长2千米的地区。汉魏洛阳与西汉长安一样，"以天然河流与新开漕渠作郭区的屏障，同样以桥梁与郭门作为郭区的门户，或者以桥梁与外郭亭作为郭区的关口"，而"汉魏洛阳之所以会有与西汉长安如此相同的结构，该是东汉都城的建设沿用了西汉的制度"。（杨宽1993）

在"杨刘之辩"中，尽管刘庆柱不同意杨宽关于汉长安城外有"大郭"的观点，但也认可在西汉中期后，人们把汉武帝时修建的漕渠与宣平门以东大道交会处称为东郭门，正像汉魏洛阳城以张方沟上的张方桥为西郭门一样。（刘庆柱1987）这表明论辩双方在西汉长安城和东汉洛阳城均存在观念上的郭区的认识是一致的。

《中国考古学·秦汉卷》对洛阳城外的遗存做了较详细的介绍："据文献记载，当时在洛阳城周围，最高统治

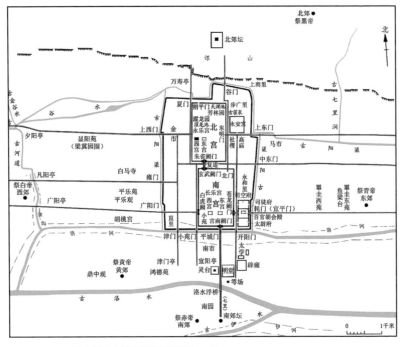

东汉洛阳城及城郊布局复原（钱国祥 2022A）

者同样精心营造了为数众多的宫、观、亭、苑，近城地带，更是各种重要礼制建筑的所在地和人口较为密集的居民区"，"洛阳三市中金市以外的马市和南市，分别设于城东和城南"。此外，还有白马寺、汉大将军梁冀所筑皇女台及私家园林等。其中北郊兆域，南郊圜丘、灵台、明堂、辟雍等遗址，都经调查、勘探和重点发掘，"历年来勘察实践显示，当时的手工业遗址主要分布于城外"。显然，上述种种，构成了郭区的内涵。东汉洛阳城城圈的内城性质、郭区的内涵与结构，对解读西汉长安城的形态具有重要的参考意义。

由前述分析可知，秦汉都城的都邑布局具有一定的延续性，总体上显现出大都无防的格局和宏大的气势，与其进入帝国时代的社会发展进程是相适应的。

十四　秦汉都邑的变与不变

帝都的突破

较之先秦时期的都邑形态，秦汉都邑在不少方面产生了飞跃性的变化。

首先，作为秦汉帝国都邑的咸阳和长安的布局突破了东周以来城郭的限制，以宏大的气势显示着国势的强盛和皇权的至高无上。

秦都咸阳的重心是位于渭北的咸阳宫，随着战国晚期统一步伐的加快，秦已将营建宫室苑囿的范围扩大至渭南。至秦始皇初并天下，更"乃营作朝宫渭南上林苑中，先作前殿阿房……周驰为阁道，自殿下直抵南山。表南山之巅以为阙。为复道，自阿房渡渭，属之咸阳，以象天极阁道绝汉抵营室也"（《史记·秦始皇本纪》）。整个城市法天体布局，凭山川之险，规模宏阔。同时，划都邑所在地区为"内史"，建立以咸阳为中心的京畿，并"徙天下豪富于咸阳十二万户"（《史记·秦始皇本纪》）以充实之，形成更大规模的首都圈。总体规划取开放之势，是"大都无城"的典范

秦都咸阳阿房宫前殿基址

之作，充分显现了一代帝都旷古未有的威严与壮观。

西汉王朝继承秦制，继续经营渭南，以秦离宫、兴乐宫为基础加以扩充，兴建长安城。因城中以宫殿区、官署和贵族府第为主，居民里闾和工商业区除城内北部外，已发展到城外，尤以直通渭北的横门内外一带最为繁华，成为都邑工商业贸易活动的中心。此外，城外广大的区域内还散布着离宫、礼制性建筑和苑囿等，都与城池浑然一体，是整个长安城的有机组成部分。西汉长安从延续战国时代大立郭城的传统，转变为内城加郭区的"大都无城"的状态，进一步彰显出巍巍帝都的气势。

同时，汉王朝继承了秦代的京畿制度，改秦"内史"为"三辅"；又在京畿地区建置陵邑，"徙齐诸田，楚昭、屈、景及诸功臣家于长陵。后世世徙吏二千石、高訾富人及豪杰并兼之家于诸陵"（《汉书·地理志》），从广义上讲，这些陵邑也是西汉京师行政区和经济区的组成部分。于是

西汉长安城厨城门 1 号桥遗迹

才有像班固《西都赋》所描述的"南望杜霸，北眺五陵，名都对郭，邑居相承"（《后汉书·班固传》）的繁华壮观的景象。

秦汉时代的这种都邑规划思想，既接续二里头时代至西周时代"大都无城"的传统，又是与当时大一统的、繁盛的中央帝国的国情相一致的。因此，其都邑建制也远非战乱频仍的东周尤其是战国时代筑城郭以自守的诸侯国的都邑所能比拟。（许宏 2016）

宫庙制度之变

其次，三代城市中最能体现其特质的宫庙，在秦汉时期的都邑中发生了重大的变化。如果说春秋以前都邑宫庙布局的主流是宫庙一体、以庙为主的话，那么经战国时期以迄秦汉，则变成了宫庙分离、以宫为主。

战国时期的秦、楚等国已把先王之庙寝由都邑移至王陵陵园，秦汉时期更使其制度化。汉初尚依旧制将太上皇庙和高祖庙建于长安城中，自惠帝在高祖长陵以北建"原庙"以后，西汉一代各帝"陵旁立庙"的礼制正式确立。至东汉明帝更废此制，将诸多先帝神主供奉于同一祖庙，开后世太庙之制，宗庙失去了其曾有的重要地位。与此相应，在世帝王所居宫殿成为全城规划之中心。这种变化也具有深刻的历史含义。随着战国以来社会变革的加剧，宗法制度日益衰败，君主集权在各国逐步确立，秦汉的统一全国，更使皇权达到了登峰造极的地步。朝廷宫殿不仅是皇帝议政理事的场所，还取代宗庙成为举行国家重要典礼和宣布决策的地方，宗庙的作用则仅限于祭祀祖先和王室内部举行传统仪礼。因此可以说，以宫为主的宫庙格局的形成，是君主集权政治发展的必然结果，宫、庙地位的这种变化昭示着中国古代社会结构上的一次划时代的变革。

有了上述基本认识，就可知《考工记》所述"左祖右社"的营国制度并不存在于先秦时期，其中的宗庙已退居次要地位，显然属晚近的汉制。该书"匠人营国"部分的其他内容也与长安城的规划大致相合。《考工记》虽为战国初期齐国的官书，但经秦灭六国的兵燹及焚书之劫，曾一度散佚。至西汉复出，武帝时被补进《周礼》。已有学者认为其经汉人改篡，"也许是由于《考工记》的规制在

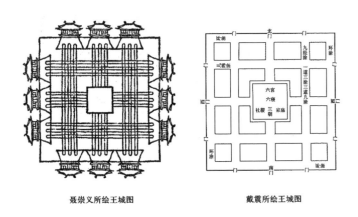

聂崇义所绘王城图　　　　　　戴震所绘王城图

后人心目中的《考工记》王城（戴吾三 2003）

西汉初年受到重视而在设计首都长安城时被充分参照，相反，也可能是由于汉儒从长安城的实际情况出发,增改了《考工记》的'匠人营国'部分"。（王仲殊 1983）联系到《考工记·匠人》所述营国制度多与考古发现所见先秦城市的情形不符，因此，似以后者的可能性更大。

三都的历史位置

秦汉时期的都城建制，又有若干对先秦城市形态的继承之处，在发展轨迹上一脉相承。这主要表现在：

第一，这一时期的都邑进一步继承了战国时期宫室扩建的传统，在都邑规划上仍处于以宫室为主体的发展阶段，宫殿区规模的巨大化构成了这一时期都城布局的一个显著特点。相比之下，对居民闾里与商市的安排则处于从属地位。

最新的研究表明，西汉长安城内，长乐宫、未央宫等5大宫殿区及武库、贵族宅第的占地面积已近全城的二分之一；东汉洛阳城内的宫苑面积也占全城总面积的二分之一左右。由于城内主要是宫殿、太仓、武库、园林、官府和贵族官吏的宅舍，留给一般平民居住和从事工商业活动的地方已极为狭小。据《三辅黄图》记载，长安城有160闾里和9市。由于宫殿集中在城的南部和中部，所以一般的居民只能居住于城的北部，特别是东北部。160闾里大概就拥挤在这一小片地段上，仅占全城的十分之一左右；9市则可能被设置在城的西北隅。东汉洛阳城的情况也与此类似，已如上述。但同时也应看到，随着社会经济的发展，毕竟东周以来都邑中不甚固定的商市已开始被纳入城市规划之中，这是一个较大的变化。

第二，从城区规划上看，秦汉都邑仍沿袭东周以来城市建设因地制宜的传统，尚未形成如后世那样具有明确中轴线的、方正规整的布局模式。秦都咸阳总体布局不清，长安城城垣筑于长乐、未央二宫建成之后，缺乏事先统一的规划和安排。关于汉长安城的轴线与方向问题，学者间众说纷纭，莫衷一是。而这些论证大都是把汉长安城由兴建到新莽时期的最终建设利用当作一个整体来分析的，也就是说，基本上是基于"总平面图"的研究。也有学者从城市动态发展的角度加以解读，提出了汉长安城"首先是一座朝东的城市，然后才变为朝南"的观点。长安城的主要城门是北垣西侧的横门和东垣北侧的宣平门，皇宫未央宫以东门和北门最为重要。据分析，未央宫的正门应为东门；而未央宫之前殿则坐北朝南，可见整个长安城并不存在一个贯穿全城、沿袭不变的中轴线。东汉洛阳城的规划性稍强，南垣的平城门与南宫相连，已成为全城最重要的城门。但新建之北宫与南宫占据城内大部，位置略有参差，就全城而言，中轴线的规划思想也并不鲜明。魏晋以降都邑中普遍存在的中轴线布局，只能是"后大都无城"时代的产物。其特点是以从宫城正门南伸至外郭城正门的南北向长距离主干大道为轴线，对称布置整个城区。与此相应的是，旨在强化对都市居民统一管理的里坊制，也大体与城郭兼备、内城外郭、具有全城大中轴线的都邑格局同步出现。而这种规划尚不见于"大都无城"时代最后阶段的秦汉都邑。（许宏 2016）

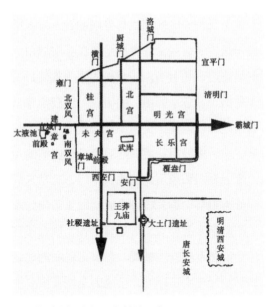

汉长安城的东向与南向布局示意（刘瑞 2011）

帝国城邑面面观

随着秦汉时期统一局面的出现，郡县制地方行政管理系统在全国范围内最终确立，全国性的城市体系初步形成。

汉王朝兼并天下之初，汉高祖即"令天下县邑城"（《汉书·高帝纪》），从而掀起了又一次大规模城市建设的高潮，在制度上确立了全国性的郡县城市体系。据近年的研究，已知秦汉地方城邑数达 630 余处之多。（徐龙国 2013）

从考古发现看，这次筑城运动，既有新筑，又有对战国秦代城池的整治重修。首先，对规模巨大的列国都城址一般不照旧使用，或用其原有小城如鲁国治鲁县（原鲁都曲阜），或割取原城之一部如河东郡治安邑县（原魏都安邑）、故安县（原燕下都）、九江郡治寿春县（原楚都寿春），或弃置不用而于其上另建小城如河南县（原东周王城），或另择址新建如新郑县、南郡治江陵县等。文献记载秦始皇统一六国后，令"坏城郭，决通堤防"，但从实际情况看秦末汉初城池仍然遍布各地，说明并不是全毁，而最容易对中央造成威胁的就是六国都城这样规模巨大的城池，"坏城郭"的主要对象也应是这类有政治影响的大城，汉人回顾这段历史时提及的"堕名城"应该就是反映了这一历史事实。这些郡县城坐落于六国都城故址而规模大为缩小，说明当时的中央政府从强干弱枝的角度出发对郡县城的建制是有严格的规定的。秦汉都城的膨大化与六国都城址被废弃、规模缩小而为郡县城，从一个侧面昭示了列国争雄的分裂状态的终结和大一统局面下的新的等级城制的形成。

与上述情况不同的是，东周时期的一般城址除了因战争焚毁过甚者，到了汉代大多被利用和改建，成为郡县治所。从考古发现的情况看，汉代郡县城址以周长在2000~5000米者居多。规模适中者继续使用，一些原来规模较小的东周城在成为郡县治所后还得到了扩建。这种大型都城址废弃或缩小、中型城址仍旧利用、小型城址规模扩大的情形，就应是秦汉时期在新的历史条件下形成的新的等级城制的反映。由于城市的建制系统已规划，所以秦汉城市的布局也更趋向一致。城垣内一般包含着官署、街道、里坊和商市，是普遍存在的郡县城市的模式。

秦汉时代的这种新的等级城制也即全国性的城市网络，可以说就是以硕大无朋的帝国都城、100余座郡国城

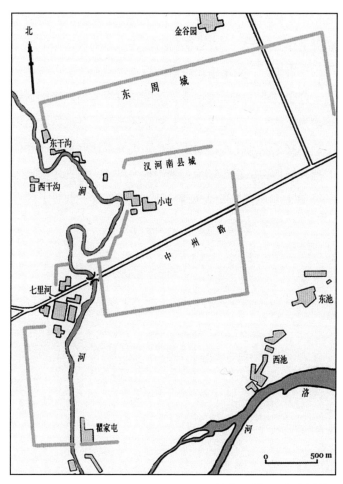

洛阳东周王城与汉河南县城规模比较

市和 1000 余座县城为构架组合而成。这些城市首要的职能仍是作为政治中心，各级官府治所所在的城市作为地方行政权力中心，秉承中央政府的旨意管理和控制着各地。这一全国性城市体系的形成，最终结束了商周以来以血缘政治为主体、王朝依靠宗法分封制间接控制各地的社会格局，确立了以地缘政治为主体、中央集权政府依靠一元化的郡县城市网络直接统治全国的社会结构。这在中国城市发展史上和中国历史发展阶段上，都是属于本质上的变化。（徐苹芳 1995）

十五　后大都无城时代的特质

曹魏至明清时代（公元 220—1911 年）

总体上看，从魏晋到明清时代的中国古代都城，具备了下列三个重要特征：城郭兼备的总体布局，全城大中轴的设计理念，里坊街巷的统一规划。这三者又是互为表里、大体同步的。

魏晋至隋唐时代城池

魏晋南北朝时期，社会动荡，城市经济衰落，此后才进一步复苏。庄园经济和新的等级制度在都城规划上留下了明显的烙印。对曹魏邺北城、北魏洛阳城、东魏北齐邺南城、隋大兴城和唐长安城等城址的发掘与研究，表明以都城为代表的中国古代城市至此逐步发展成为布局严整、中轴对称的封闭式里坊制城市。

三国时期的曹魏都城邺北城，开始出现方正的布局，连接东西两大城门的大道将全城分为南北两大部分。北区为宫殿、苑囿、官署和贵族居住区（戚里），宫城建于城的北部中央，官署集中于宫城前的司马门外。南区为一般衙署和里坊等。北区大于南区。位于全城中部、由外朝前殿文昌殿南伸的南北向大道，经宫城南门，直通南垣中央城门中阳门，形成全城的中轴线。至此，中国古代早期都城中分散的宫殿区布局被中轴对称的规划格局所取代，曹魏邺北城的这种平面规划，对后世中国古代城市的发展产生了深远的影响。

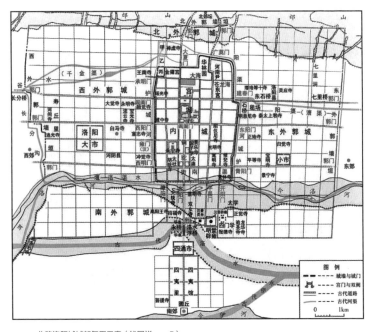

北魏洛阳城城郭复原示意（钱国祥 2022B）

北魏洛阳城的主要部分仍沿用东汉至西晋的洛阳旧城，仿照邺北城的规划格局，宫室北移。正对外朝主殿太极殿、由宫城南门阊阖门南伸至南垣城门宣阳门的铜驼街，形成了一条明确的南北中轴线。铜驼街的两侧分布着中央官署和太庙、太社，使中轴线的设计更为突出。城的北半部被宫殿区、太仓、武库、官署和苑囿区所占，南半部则有九寺七里，都是中央官署、高官显贵的宅第和寺院区。因佛教兴盛而寺院林立，是北魏洛阳城的一个显著特点。至此城内部分几被占尽，于是在旧城外围新筑外郭城。外郭城范围广大，其内规划了 320 个坊，每坊 1 里，四围筑墙，开 4 门，封闭式的坊市制至少在这一时期已开始出现。相应地，作为工商业区的 3 个"市"也设置在外郭城中。（考

汉魏洛阳城城垣

后大都无城时代的特质　　　　　　　　　　**285**

古所 2018）

这一阶段的城市规划，到隋唐时期发展至顶峰。隋大兴城和唐长安城，是中国中古时期封闭式里坊制城市的典范。长安城面积达 84 平方千米。宫城位于全城北部正中，后来扩建的大明宫和兴庆宫，也分别位于地势高的北墙外和城的北部偏东，便于控制全城。宫城之南设有皇城，是中央高级衙署和太庙、社稷所在。全城以对准宫城、皇城及外郭城正南门的朱雀大街为中轴线。在外郭城范围内，以 25 条纵横交错的大街，将全城划分为 109 坊和东、西两市。这种方格网式的规划，使整个城的平面如同棋盘。坊之四周筑有坊墙，开 4 门，坊内设十字街，十字街和更小的十字巷将全坊划分为 16 区。坊内实行严格的管理和督察制度。商业交易活动，则被限制于呈封闭状态的东、西两市之内。隋唐东都洛阳城，除因地形关系将宫城和皇城设在郭城西北部外，格局与长安城大体一致。其大部分坊的面积相同或相近，约 0.5 平方千米。（考古所等 2017）这种将宫城和衙署区置于城的西北隅，采取整齐方正的里坊布局的规划,成为当时甚至后世地方州县城效法的蓝本。

宋元明清时代城池

随着社会商品经济的发展和工商业的日趋繁盛，从唐代末期至北宋前期，封闭式的坊市制逐渐被开放式的街巷制所取代。考古及文献材料表明，北宋中期开始出现的新的城市规划及与之相应的管理制度，是人身依附关系和等级制度大为松弛这一历史大趋势的产物。此后的元、明、清各代的城市规划及制度，均采用这种开放的形态，并有所发展。宋、元、明、清时期，是中国古代城市发展的成熟阶段。（孟凡人2019）

北宋都城汴梁和南宋都城临安，都是在唐代旧城基础上改扩建而成的。在街道布局上虽不甚规整，但在城市布局的科学性和合理性方面有了长足的发展。汴梁全城有内外城墙三层。中间一层为内城，主要分布着中央各官署，内城中部又有宫城，即大内。这种宫城居中、布局方正的重城式平面规划，对后来的金中都、元大都乃至明清北京城都有很大的影响。而同前代相比变化最大的当数坊墙拆除，临街房舍店铺及娱乐场所的出现。如果说汴梁和临安新的城市规划因受旧城约束还无法充分地表现出来，那么平地起建的元大都则可以说是开放式街巷制城市的典型。

元大都平面呈矩形，由宫城、皇城、外郭城三重城套合组成。其中皇城建于城内南部中央，四面包围宫城和皇家苑囿区。元大都中轴线的规划更为明确，自南垣中央城门丽正门经皇城、宫城正门、正殿，直至全城中心点万宁寺之中心阁。礼制性建筑太庙和社稷坛分列宫城之左右，其最大的市场建于宫城之北，城内的9条纵街和9条横街构成了全城的主干街道。据此，元大都的总体布局与《周礼·考工记》所载"营国"制度最为符合。在城内南北向主干街道之间分布着数百个胡同（时称"火巷"），宽度在6米左右，多呈东西向排列，今天北京城内的许多胡同就是元代火巷胡同的残迹。大片民居住宅之间，混杂着寺庙、衙署和商店等。全城以街道划分为50个坊，但周围已无围墙相隔，呈开放之势。元大都的城市规划是中国王朝时代后期开放式街巷制的典型，这一新的城建规制为后来的明、清所继承。

明永乐年间立为都城的北京城（内城）是在元大都的基础上缩北展南，改建而成的。内城的街巷，基本上沿用元代旧制。大小干道两旁散布着各种手工业作坊和商行店

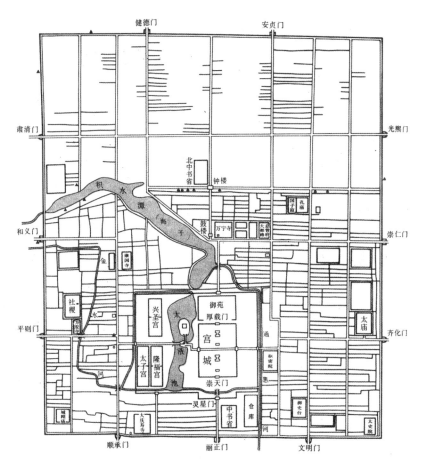

元大都平面复原（《考古学》编辑委员会等 1986）

包筑在明代西直门箭楼内的元大都和义门瓮城

铺，胡同小巷则是市民居住区。嘉靖年间，又在城南加筑
一外城，实际上是尚未完工的环城外郭城的南部。外城内
除了东西并列的天坛和先农坛，主要是手工业区和商业区。
皇城位于内城的中部偏南，其内偏东为宫城，即紫禁城。
此外还分布有禁苑、庙社、寺观、衙署和宅第等。中轴线
仍沿元大都之旧制，更为加长，由外城的永定门经内城正
门、紫禁城直至鼓楼和钟楼。所有城内宫殿及其他重要建
筑都沿着这条南北向的中轴线展开。皇城和宫城占据全城
的中央部分，以帝王为中心的"建中立极"的都城规划思

想在这里得到了最充分的体现。清定都北京后，基本上袭用明的都城和宫殿，此外又开辟了西郊的皇家林苑。

可见，只是在先秦秦汉"大都无城"时代之后的魏晋至明清时期，古代中国才进入了"无邑不城"的时代。（许宏 2016）至近代，失去了防御和礼仪双重意义的城墙也就逐渐退出了历史舞台。极少数保留至今的，无疑都成为重要的文化遗产。

晚出的大中轴线

二里头至西周时代的绝大部分时间里，都邑规划的总体指导思想，是因地制宜，不求方正，实际布局则是以"大都无城"为主流。可以理解的是，如果不是城郭兼备而且内城外郭，则全城中轴线基本上无从谈起。在符合城郭兼备、内城外郭条件的商王朝二里岗期和春秋时期，扩建前的偃师商城和春秋鲁都，可能略具全城中轴规划的雏形。但由于考古发现的局限，宫城与郭城城门是否大致对应，还难以廓清，所以类似的例子，只能看作中轴线规划的雏形而已。

如果论单体建筑之中轴，可以认为仰韶时代即已萌芽，如甘肃秦安大地湾大型房址 F901，已有中轴线的意味，被称为"原始殿堂"；龙山时代河南周口淮阳区平粮台小城的纵向道路已略具中轴对称的格局；宫室建筑群之中轴，迄今可以确认的例子是二里头宫城的两组大型建筑基址；而真正意义上的全城中轴线的出现，已如前述，则要晚到曹魏邺城和魏晋洛阳城了。

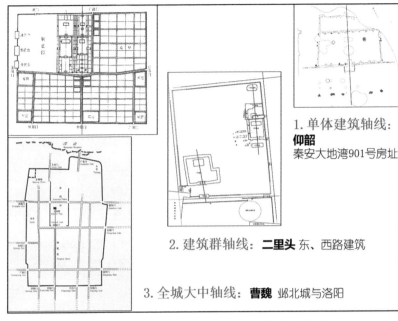

1. 单体建筑轴线：**仰韶** 秦安大地湾901号房址

2. 建筑群轴线：**二里头** 东、西路建筑

3. 全城大中轴线：**曹魏** 邺北城与洛阳

不断放大的"中国轴线"

　　需指出的是，早于曹魏时期的这类"类中轴线布局"也并未成为当时都邑布局的主流。商王朝二里岗期不必说，东周时期的主体建筑虽已多有按中轴线布置的意向，但大多还是着眼于宫殿区局部，如邯郸赵王城以龙台为核心的宫殿区中轴线布局、燕下都以武阳台为中心的宫殿中轴规划等，对于宫殿区以外的建筑并无严格的规划和安排。秦汉都城仍沿袭东周以来城市建设因地制宜的传统，也未形

成如后世那样具有明确中轴线的、方正规整的布局模式。如前所述，秦都咸阳总体布局不清，长安城城垣筑于长乐、未央二宫建成之后，缺乏事先统一的规划和安排。东汉洛阳城的规划性稍强，南垣的平城门与南宫相连，已成为全城最重要的城门。但新建之北宫与南宫占据城内大部，位置略有参差，就全城而言，中轴线的规划思想也并不鲜明。

要之，全城大中轴线，只能是"后大都无城"时代的产物。与此相应的是，旨在强化对都市居民统一管理的严格意义上的里坊制，也大体与城郭兼备、内城外郭、具有全城大中轴线的都邑格局同步出现。（许宏 2016）

马背族群的城建贡献

上面谈及"后大都无城时代"有三大特征：一个是城郭齐备，一个是纵贯全城的大中轴线，一个是严格意义上的里坊制度。这些显得中规中矩的都邑格局，人们原来以为纯粹是我们华夏族群的发明与创建，但北京大学历史系李孝聪教授指出，"在中国几千年都城发展史上，三个具有划时代的都城形制却是马背上的民族所创造，为都城规划和管理作出了不可磨灭的贡献，迄今依然引发人们的思考。鲜卑人创造的封闭的坊市制都城：从平城到洛阳；蒙古人设计出街道胡同式都城：元大都；女真人施行满汉分治式都城管理：北京城。"（李孝聪2017）

中古以来马背上的民族也即北方少数族群入主中原、"下鞍进房"，对中国古代都城规划贡献极大。而所谓"中古"至"近古"，即魏晋南北朝至明清，正是"后大都无城"的时代。上面的三大特征，其实是诸多的马上民族，从拓跋鲜卑的北魏、"大有胡气"的李唐，到蒙古族建立的元、

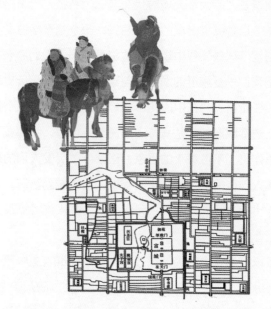

下鞍进房

游牧民族在中国城市规划上的贡献

2017／03／16／19：00

北京大学静园二院二楼会议室

"族群凝聚与国家秩序"系列

北大文研论坛 20

引言人
李孝聪
北京大学历史学系　教授

讨论学者
辛德勇
北京大学历史学系　教授

杭侃
北京大学考古文博学院　教授

党宝海
北京大学历史学系　副教授

主持人
邓小南
北京大学历史学系　教授

主办：北京大学人文社会科学研究院
Institute of Humanities and Social Sciences
Peking University

李孝聪教授在北大文研院的讲座海报

满族建立的清等少数族群入主中原之后才普遍形成的。入主中原的少数族群都尽可能地采用华夏族群的治理方式来"营国"——营建国都，经营国家，用中原的礼制来教化、统治、管理华夏族群。与此同时，他们建立庞大的都城时的种种举措其实都是在强化控制、加强防御以及严格管理居民。正是有了城郭齐备、全城大中轴和严格的里坊制的城市功能格局的确立，才导致"后大都无城"时代大家比较熟悉的都邑规制的形成。在这里，李孝聪教授关于中古以后北方族群对于中国古代都邑建设的贡献的观点，和笔者提出的"大都无城"说可以相互印证，这是饶有兴味的事。

回过头来再看学界的主流观点和公众的一般印象，那就是，上古时期的中原王朝——夏商周三代还处于各种制度的萌芽状态，而中古时期以后城郭齐备、规制完整，里坊制、中轴线具存，才应是华夏正统的兴盛期。但考古学所揭示的事实似乎并非如此，缺乏章法的"大都无城"，恰恰是处于上升期的华夏族群的价值取向，很可能其中有深厚的文化自信的底蕴蕴含其中。而"后大都无城"时代的三大要素，是不是反而折射了入主中原的北方族群统治者的某种程度上的文化不自信？这是值得我们深入思考的。

十六　尾声：新大都无城时代

——破除阻碍的时代

从某种意义上讲，人类的历史，就是设置阻碍的历史与破除阻碍的历史。

　　著名学者、北京大学历史系罗新教授指出："人类的历史，其实是设置各种各样阻碍的历史。"是的，农耕时代的城池、长城、边墙、界壕等，近现代以来的边境线、护照签证、海关等，都是这类阻碍的重要物化形式。但与此同时，人类的历史，又是不断破除各种阻碍的历史。比如大家非常熟悉的长城，由于跨越农耕与畜牧游牧世界的清帝国的建立，导致这一横亘在农、牧两大集团之间的壁垒彻底失效。现代的全球化和"地球村"的概念，人口、物质、技术、文化等的大移动和大交流，也都可以看作对各种新的阻碍的破除。

　　从上面的叙述中可知，城池是农耕时代和冷兵器时代的产物，它本来是保证人们安全的，但它的存在本身就说明那个时代给人一种不安全感。城池本身是人类群团之间紧张关系的产物。这是一个辩证的关系。越是和平年代，反而不需要有城墙这样的严密的防御措施。从这个意义上讲，中国上古时期的"大都无城"，就是笔者所说的从二里头到东汉时代，以及近代以来的城市都没有城墙，反而说明那个时候环境偏于安定平和，适于人类居住，用不着高墙深垒来保护。所以从某种意义上讲，城墙的消失也是历史的一个进步。随着工业化和信息化时代的到来，一个新"大都无城"的时代也随之登场。

现在，城池已经成为我们宝贵的文化遗产，这些文化遗产中承载着我们民族久远的文化记忆。我们作为文化人，都接受不了我们的文化遗产被破坏。不但不能让它们在我们这一代人和我们的后代人手中遭到进一步的破坏，而且应该保护得更好。20 世纪五六十年代被破坏了的北京城，

古今重叠的北京城（邓伟摄）

是我们心中一个永远的痛。现在用来申遗的元大都、明清北京城的中轴线，已经没有足够的物质文化载体来承托了（高枝 2022），这是应该引为教训的。

最后想说的是，在未来，我们如何借鉴和运用中国传统山水人文智慧，让当代城市实现"望得见山、看得见水"的美好愿景呢？

我们知道，随着帝制退出历史舞台，城池林立，"无邑不城"的时代宣告结束，中国历史也被全球化的浪潮所裹挟，进入了建立在工商文明和信息文明基础上的新"大都无城"的时代。这是真正摆脱了高耸、封闭、压抑的城墙的阻隔与束缚，打开天际线，能够让当代城市实现"望得见山、看得见水"的美好愿景的时代。既往城市布局上政治礼制的束缚将不断被打破，以人为本的理念将得以落实。这是我们的美好希冀。

注　释

正文中部分机构作者简称如下：
北京大学考古文博学院＝北京大学
河南省文物考古研究所（院）＝河南省所（院）
湖北省文物考古研究所＝湖北省所
湖南省文物考古研究所＝湖南省所
内蒙古自治区文物考古研究所＝内蒙古所
山西省考古研究所＝山西省所
陕西省考古研究所（院）＝陕西省所（院）
夏商周断代工程专家组＝专家组
浙江省文物考古研究所＝浙江省所
中国社会科学院＝社科院
中国社会科学院考古研究所＝考古所

【B】

Bagley, Robert W. "P' an-lung-ch' eng: A Shang City in Hupei". *Artibus Asiae* **39**, 1977(3).

Bagley, Robert W. "Shang Archaeology". *The Cambridge History of Ancient China: From the Origins of Civilization to 221 B. C.* Cambridge University Press, Cambridge, 1999.

白云翔、顾智界整理：《中国文明起源座谈纪要》，《考古》1989 年第 12 期。

宝鸡先秦陵园博物馆编：《雍城秦公一号大墓》，作家出版社，2010 年。

[英] 保罗·巴恩编著，杨佳慧译：《考古通史》，天津人民出版社，2021 年。

北京大学考古文博学院、河南省文物考古研究院等：《河南周口市淮阳平粮台遗址龙山文化遗存的发掘》，《考古》2022 年第 1 期。

【C】

蔡全法、郝红星：《会变身的古城　河南新密古城寨龙山文化遗址》，《大众考古》2018 年第 4 期。

Campbell, Roderick. "Erligang: A Tale of Two 'Civilizations'," in *Art and Archaeology of the Erligang Civilization*, ed. Kyle Steinke and Dora C. Y. Ching. Princeton University Press, New Jersey, 2014.

Chang K. C., *Shang Civilization*, New Haven: Yale University Press, 1980.

陈国梁：《都与邑——多重视角下偃师商城遗址的探究》（上）（下），《南方文物》2021 年第 6 期、2022 年第 5 期。

陈全方：《周原与周文化》，上海人民出版社，1988 年。

陈同滨、王琳峰等：《上山文化遗址群的遗产潜在价值与保护特征初探》，《自然与文化遗产研究》2022 年第 6 期。

陈筱：《中国古代的理想城市——从古代都城看〈考工记〉营国制度的渊源与实践》，上海古籍出版社，2021 年。

陈星灿：《中国史前考古学史研究（1895~1949）》，生活·读书·新知三联书店，1997 年。

种建荣、曹大志等：《陕西宝鸡周原遗址 2020~2021 年发掘收获》，《2021 中国重要考古发现》，文物出版社，2022 年。

Colin Renfrew and Paul Bahn, *Archaeology: Theories Methods and Practice (8th)*. London: Thames & Hudson Ltd, 2020.

【D】

戴吾三：《考工记图说》，山东画报出版社，2003 年。

戴向明：《北方地区龙山时代的聚落与社会》，《考古与文物》2016 年第 4 期。

帝都绘工作室：《长城绘》，北京联合出版公司，2019 年。

【F】

[日] 饭岛武次：《洛阳西周时代的遗址与成周、王城》，《考古学研究》（五），科学出版社，2003年。

方勤、邓千武等主编：《石家河发现与研究》，科学出版社，2021年。

冯时：《夏社考》，《21世纪中国考古学与世界考古学》，中国社会科学出版社，2002年。

冯时：《"文邑"考》，《考古学报》2008年第3期。

傅熹年：《中国科学技术史·建筑卷》，科学出版社，2008年。

【G】

高枝：《中轴线申遗保护驶入"快车道"》，《北京日报》2022年9月22日。

谷飞、陈国梁：《社会考古视角下的偃师商城——以聚落形态和墓葬分析为中心》，《中原文物》2019年第5期。

顾万发、汪旭等：《河南巩义双槐树遗址》，《2020中国重要考古发现》，文物出版社，2021年。

郭伟民：《等级—规模的空间情景——澧阳平原几处新石器时代聚落考察》，《中国聚落考古的理论与实践（第1辑）——纪念新砦遗址发掘30周年学术研讨会论文集》，科学出版社，2010年。

郭伟民：《吾道南来：中华民族共同体中的史前湖南》，科学出版社，2022年。

【H】

韩国河、陈力：《试论秦汉都城规划模式的基本形成》，《陈直先生纪念文集》，西北大学出版社，1992年。

韩建业：《中国北方地区新石器时代文化研究》，文物出版社，2003年。

何努：《陶寺：中国文明核心形成的起点》，上海古籍出版社，2022 年。

何毓灵：《论殷墟手工业布局及其源流》，《考古》2019 年第 6 期。

何毓灵、岳洪彬：《洹北商城十年之回顾》，《中国国家博物馆馆刊》2011 年第 12 期。

河南博物院编：《东京梦华：宋金元时期》，科学出版社，2017 年。

河南省文物考古研究所：《郑州商城——1953~1985 年考古发掘报告》，文物出版社，2001 年。

河南省文物考古研究所：《郑州小双桥——1990~2000 年考古发掘报告》，科学出版社，2012 年。

河南省文物考古研究院编：《郑州商城遗址考古研究》，大象出版社，2015 年。

贺俊：《二里头文化的聚落与社会》，中国社会科学院大学博士学位论文，2020 年。

湖北省博物馆编：《大宗维翰：周原青铜器特展》，文物出版社，2014 年。

湖北省文物考古研究所编著：《盘龙城——1963~1994 年考古发掘报告》，文物出版社，2001 年。

湖北省文物考古研究所：《湖北史前城址》，科学出版社，2015 年。

湖北省文物考古研究所编：《纪南城考古发现》，《江汉考古》2015 年。

湖南省文物考古研究所著：《彭头山与八十垱》，科学出版社，2006 年。

湖南省文物考古研究所：《澧县城头山——新石器时代遗址发掘报告》，文物出版社，2007 年。

【J】

蒋乐平、林舟等：《上山文化——稻作农业起源的万年样本》，《自然与文化遗产研究》2022 年第 6 期。

【K】

《考古学》编辑委员会等：《中国大百科全书·考古学》，中国大百科全书出版社，1986 年。

[英] 科林·伦福儒、[英] 保罗·巴恩著，陈淳等译：《考古学：理论、方法与实践（第 8 版）》，上海古籍出版社，2022 年。

【L】

雷兴山：《论周原遗址西周时期手工业者的居与葬——兼谈特殊器物在聚落结构研究中的作用》，《华夏考古》2009 年第 4 期。

雷兴山、种建荣：《周原遗址商周时期聚落新识》，《大宗维翰：周原青铜器特展》，文物出版社，2014 年。

李伯谦编：《商文化论集》，文物出版社，2003 年。

李峰：《早期中国：社会与文化史》，刘晓霞译，生活·读书·新知三联书店，2022 年。

李宏飞：《二里头文化设防聚落的环壕传统》，《中国国家博物馆馆刊》2011 年第 6 期。

李维明：《郑州商代（城）遗址分布范围与"二十五平方公里"数值检讨》，《中国文物报》2012 年 5 月 11 日。

李新伟、郭志委：《灵宝西坡遗址的聚落形态演变及其反映的社会变革》，《区域、社会与中国文明起源》，科学出版社，2019 年。

李孝聪：《下鞍进房——马背上的民族对中国都城规划管理的贡献》，《文汇学人》2017 年 5 月 19 日。

李学勤：《战国题铭概述（上）》，《文物》1959 年第 7 期。

李学勤：《东周与秦代文明》，上海人民出版社，2017 年。

梁云：《"汉承秦制"的考古学观察》，《远望集》，陕西人民出版社，1998 年。

梁云：《战国时代的东西差别——考古学的视野》，文物出版社，2008 年。

梁中合：《尧王城大汶口—龙山文化古城》，《山东古城古国考略》，文物出版社，2016 年。

[澳] 刘莉：《中国新石器时代：迈向早期国家之路》，陈星灿等译，文物出版社，2007 年。

刘瑞：《汉长安城的朝向、轴线与南郊礼制建筑》，中国社会科学出版社，2011 年。

刘庆柱：《汉长安城布局结构辨析——与杨宽先生商榷》，《考古》1987 年第 10 期。

刘庆柱：《中国古代都城考古学史述论》，《考古学集刊》第 16 集，科学出版社，2006 年。

刘庆柱：《秦咸阳城遗址考古发现的回顾及其研究的再思考》，《里耶古城·秦简与秦文化研究》，科学出版社，2009 年。

刘庆柱、李毓芳：《汉长安城》，文物出版社，2003 年。

刘绪：《夏商周考古》，山西人民出版社，2021 年。

刘余力：《西周成周研究》，文物出版社，2020 年。

洛阳周王城天子驾六博物馆编：《谈文说物话洛邑》，郑州大学出版社，2019 年。

卢连成：《西周丰镐两京考》，《中国历史地理论丛》1988 年第 3 期。

卢连成：《中国古代都城发展的早期阶段——商代、西周都城形态的考察》，《中国考古学论丛》，科学出版社，1993 年。

栾丰实：《内外两重城址的兴起——鲁苏沿海地区的史前城市化进程及相关问题》，《考古学研究》（十五），文物出版社，2022 年。

【M】

马赛：《周原遗址西周时期人群构成情况研究——以墓葬材料为中心》，《古代文明》第 8 卷，文物出版社，2010 年。

孟凡人：《宋代至清代都城形制布局研究》，中国社会科学出版社，2019 年。

孟华平：《石家河遗址聚落研究的进展》，《区域、社会与中国文明起源》，科学出版社，2019年。

【N】

内蒙古自治区文物考古研究所：《白音长汗——新石器时代遗址发掘报告》，科学出版社，2004年。

【P】

潘谷西：《中国古代建筑史·第四卷 元、明建筑（第2版）》，中国建筑工业出版社，2009年。

彭邦炯：《卜辞"作邑"蠡测》，《甲骨探史录》，生活·读书·新知三联书店，1982年。

彭曦：《西周都城无城郭？——西周考古中的一个未解之谜》，《考古与文物》增刊《先秦考古》，2002年。

【Q】

淺原達郎：《蜀兵探原——二里岡インパクトと周·蜀·楚》，《古史春秋》第2号，朋友书店，1985年。

钱国祥：《东汉洛阳都城的空间格局复原研究》，《华夏考古》2022年第3期。（A）

钱国祥：《汉魏洛阳城的祭祀礼制建筑空间》，《中原文物》2022年第4期。（B）

钱耀鹏：《半坡聚落与黄河流域夯筑城址的发生》，《文博》2000年第2期。

钱耀鹏：《中国史前城址与文明起源研究》，西北大学出版社，2001年。

秦始皇帝陵博物院编：《平天下——秦的统一》，西北大学出版社，2019年。

秦文生、宋国定等：《郑州商城遗址的考古发现与研究述评》，《郑州商城遗址考古研究》，大象出版社，2015年。

秦小丽：《中国初期国家形成的考古学研究：陶器研究的新视角》，复旦大学出版社，2019年。

裘锡圭：《战国文字中的"市"》，《考古学报》1980年第3期。

【R】

如姬：《悬泉置——驿站中的大汉帝国》，《中华遗产》2018年第3期。

【S】

山西博物院编：《黄河文明的标识：陶寺·石峁的考古揭示》，山西人民出版社，2020年。

山西省考古研究所侯马工作站编：《晋都新田》，山西人民出版社，1996年。

陕西省考古研究所：《镐京西周宫室》，西北大学出版社，1995年。

陕西省考古研究所编著：《秦都咸阳考古报告》，科学出版社，2004年。

陕西省考古研究院、榆林市文物考古勘探工作队等：《陕西神木县石峁遗址》，《考古》2013年第7期。

陕西省考古研究院、榆林市文物考古勘探工作队等编著：《发现石峁古城》，文物出版社，2016年。

史念海：《周原的变迁》，《陕西师范大学学报（社科版）》1976年第3期。

司媛：《二里头、二里岗时代青铜礼容器的空间分布及意义》，《中原早期青铜时代——聚落与礼器专题研究》，科学出版社，2023年。

宋江宁：《关中盆地史前到秦汉时期的中心区转移现象考察——兼论周原与沣

镐遗址内涵差别巨大的原因》，《南方文物》2017 年第 4 期。

宋镇豪：《中国古代"集中市制"及有关方面的考察》，《文物》1990 年第 1 期。

宋镇豪：《夏商社会生活史》，中国社会科学出版社，1994 年。

Steinhardt, Nancy S. *Chinese Imperial City Planning,* University of Hawaii Press, Honolulu, 1990.

孙波：《山东龙山文化城址略论》，《中国聚落考古的理论与实践》（第 1 辑），科学出版社，2010 年。

孙波：《聚落考古与龙山文化社会形态》，《中国社会科学》2020 年第 2 期。

孙华：《商代前期的国家政体——从二里岗文化城址和宫室建筑基址的角度》，《多维视域——商王朝与中国早期文明研究》，科学出版社，2009 年。

孙周勇、邵晶等：《石峁文化的命名、范围及年代》，《考古》2020 年第 8 期。（A）

孙周勇、邵晶等：《石峁遗址的考古发现与研究综述》，《中原文物》2020 年第 1 期。（B）

【T】

谭其骧主编：《中国历史地图集·第 2 册（秦·西汉·东汉时期）》，地图出版社，1982 年。

陶复：《秦咸阳宫殿第一号遗址复原问题的初步探讨》，《文物》1976 年第 11 期。

田亚岐：《秦都雍城布局研究》，《考古与文物》2013 年第 5 期。

田亚岐：《秦都雍城考古录》，《大众考古》2015 年第 4 期。

【W】

王海城：《最早的帝国？比较视野下的二里岗物质文化扩张》，《盘龙城与长江文明国际学术研讨会论文集》，科学出版社，2016 年。

王立新：《早商文化研究》，高等教育出版社，1998 年。

王炜：《殷墟研究的新思考——听荆志淳教授讲座有感》，《古代文明研究通讯》总第 60 期，2014 年。

王炜林、杨利平：《高陵杨官寨遗址的考古发现与收获》，《区域、社会与中国文明起源》，科学出版社，2019 年。

王学理：《咸阳帝都记》，三秦出版社，1999 年。

王幼平、郝红星：《中原文明考古探源：河南新密李家沟遗址和它之前的事》，《大众考古》2016 年第 2 期。

王震中：《中国文明起源的比较研究》，陕西人民出版社，1994 年。

王仲殊：《关于日本古代都城制度的源流》，《考古》1983 年第 4 期。

吴卫红、刘越：《凌家滩——中华文明的先锋》，上海古籍出版社，2022 年。

【X】

西安半坡博物馆、陕西省考古研究所等：《姜寨——新石器时代遗址发掘报告》，文物出版社，1988 年。

夏商周断代工程专家组：《夏商周断代工程报告》，科学出版社，2022 年。

小沢正人、谷豊信等：《世界の考古学⑦中国の考古学》，同成社（东京），1999 年。

徐龙国：《秦汉城邑考古学研究》，中国社会科学出版社，2013 年。

徐苹芳：《中国古代城市考古与古史研究》，《中国历史考古学论丛》，允晨文化实业股份有限公司（台北），1995 年。

徐文武：《楚都纪南城的繁华与衰落》，《世界遗产》2016 年 3 月刊。

徐旭生：《1959 年夏豫西调查"夏墟"的初步报告》，《考古》1959 年第 11 期。

徐昭峰：《东周王城研究》，科学出版社，2019 年。

许宏：《大都无城——中国古都的动态解读》，生活·读书·新知三联书店，2016 年。（A）

许宏：《何以中国——公元前 2000 年的中原图景》，生活·读书·新知三联书店，2016 年。（B）

许宏：《先秦城邑考古》，金城出版社、西苑出版社，2017 年。

许宏：《丁公龙山文化文字发现亲历记》，《发现与推理》，山西人民出版社，2021 年。

许宏、袁靖主编：《二里头考古六十年》，中国社会科学出版社，2019 年。

许卫红：《不以事小而不为——秦都咸阳城考古琐记》，《大众考古》2016 年第 3 期。

【Y】

杨鸿勋：《从盘龙城商代宫殿遗址谈中国宫廷建筑发展的几个问题》，《文物》1976 年第 2 期。

杨鸿勋：《宫殿考古通论》，紫禁城出版社，2001 年。

杨建华：《两河流域：从农业村落到城邦国家》，文物出版社，2014 年。

杨宽：《中国古代都城制度史研究》，上海古籍出版社，1993 年。

叶万松、张剑等：《西周洛邑城址考》，《华夏考古》1991 年第 2 期。

俞伟超：《中国古代都城规划的发展阶段性》，《文物》1985 年第 2 期。

袁广阔：《略论郑州商城外郭城墙的走向与年代》，《中原文物》2018 年第 3 期。

袁广阔：《早商都城的规划与布局》，《黄河文明与可持续发展》第 21 辑，河南大学出版社，2023 年。

岳洪彬、何毓灵等：《殷墟都邑布局研究中的几个问题》，《三代考古》（四），科学出版社，2011 年。

〔Z〕

张昌平：《关于盘龙城的性质》，《江汉考古》2020 年第 6 期。

张昌平、孙卓：《盘龙城聚落布局研究》，《考古学报》2017 年第 4 期。

张弛：《屈家岭—石家河文化的聚落与社会》，《考古学研究》（十），科学出版社，2012 年。

张光辉、王晓毅：《山西兴县碧村龙山时代遗址》，《2021 中国重要考古发现》，文物出版社，2022 年。

张光直：《关于中国初期"城市"这个概念》，《文物》1978 年第 2 期。

张光直：《商文明》，生活·读书·新知三联书店，2013 年。

张剑：《洛邑成周殷遗民史迹考察》，《夏商文明研究》，中州古籍出版社，1995 年。

张居中、陈昌富等：《中国农业起源与早期发展的思考》，《中国国家博物馆馆刊》2014 年第 1 期。

张学海：《城起源研究的重要突破——读八十垱遗址发掘简报的心得，兼谈半坡遗址是城址》，《考古与文物》1999 年第 1 期。

张玉石、郝红星：《中原大地第一城郑州西山古城发掘记》，《大众考古》2016 年第 5 期。

赵辉、魏峻：《中国新石器时代城址的发现与研究》，《古代文明》第 1 卷，文物出版社，2002 年。

赵芝荃、徐殿魁：《河南偃师商城西亳说》，《全国商史学会讨论会论文集》，《殷都学刊》增刊，1985 年。

浙江省文物考古研究所：《良渚古城综合研究报告》，文物出版社，2019 年。（A）

浙江省文物考古研究所编著：《良渚王国》，文物出版社，2019 年。（B）

郑若葵：《殷墟"大邑商"族邑布局初探》，《中原文物》1995 年第 3 期。

中国社会科学院考古研究所编：《新中国的考古发现和研究》，文物出版社，1984 年。

中国社会科学院考古研究所编著：《殷墟的发现与研究》，科学出版社，

1994 年。

中国社会科学院考古研究所编著：《张家坡西周墓地》，中国大百科全书出版社，1999 年。

中国社会科学院考古研究所编著：《中国考古学·夏商卷》，中国社会科学出版社，2003 年。

中国社会科学院考古研究所编著：《中国考古学·秦汉卷》，中国社会科学出版社，2010 年。（A）

中国社会科学院考古研究所编著：《中国考古学·新石器时代卷》，中国社会科学出版社，2010 年。（B）

中国社会科学院考古研究所编著：《偃师商城（第 1 卷）》，科学出版社，2013 年。

中国社会科学院考古研究所编著：《二里头（1999~2006）》，文物出版社，2014 年。

中国社会科学院考古研究所编著：《中国考古学·三国两晋南北朝卷》，中国社会科学出版社，2018 年。

中国社会科学院考古研究所、湖北省文物考古研究所：《江汉平原及其周边地区史前聚落调查》，《江汉考古》2019 年第 5 期。

中国社会科学院考古研究所、陕西省考古研究院等编著：《丰镐考古八十年》，科学出版社，2016 年。

中国社会科学院考古研究所、西安市隋唐长安城遗址保护中心等编：《隋唐长安城遗址·考古资料编》，文物出版社，2017 年。

中国社会科学院考古研究所河南新砦队、郑州市文物考古研究院等：《河南新密市新砦遗址王嘴西地发掘简报》，《考古》2018 年第 3 期。

中国社会科学院考古研究所洛阳汉魏城队：《汉魏洛阳城城垣试掘》，《考古学报》1998 年第 3 期。

中国社会科学院语言研究所词典编辑室编：《现代汉语词典（汉英双语）》，外语教学与研究出版社，2002 年。

周星：《黄河流域的史前住宅形式及其发展》，《中国原始文化论集》，文物出版社，1989 年。

朱凤瀚：《试论中国早期文明诸社会因素的物化表现》，《文物》2001年第2期。

邹衡：《试论夏文化》，《夏商周考古学论文集》，文物出版社，1980年。

城的中国史

后　记

我自1992年入中国社会科学院研究生院攻读博士学位，师从著名的城市考古专家徐苹芳教授，专攻中国古代城市考古。1996年毕业后，先是参加偃师商城的考古发掘，1999年开始又主持二里头都邑的田野考古工作。就这样，作为考古老兵的我与城市考古结下了不解之缘，转眼已逾30年。如果从1983年参加山西侯马晋都遗址本科实习算起，此后还有1987—1992年山东邹平丁公新石器时代城址的带队发掘，则冥冥中结缘城市考古，正好有40年了。

2000年，我的博士学位论文《先秦城市考古学研究》（北京燕山出版社）正式出版；2017年，其升级版《先秦城邑考古》（上、下编，金城出版社、西苑出版社）问世。此前的2016年，出版了《大都无城——中国古都的动态解读》（生活·读书·新知三联书店），这是我"解读早期中国"丛书的第三本。2021年，城市考古自选集《踏墟寻城》（商务印书馆）又得以问世。而这本小书，显然是我在田野考古一线的摸爬滚打和上述或深或浅的研究基础上，试图献给公众的一本关于中国古代城市考古的通识读本。

它又不是一本单纯的考古书。仅从书名上看，读者诸君应该可以窥见作者的"野心"，他是要在这几万字的小书中，从"城"的角度捋出中国古代史宏观演化格局和发生发展脉络，从城邑和城市考古，升华到对中国"大历史"的把握与建构。这一愿望是否达至，就要读者朋友来甄别评判了。

数年来，与中原出版传媒集团及其旗下的河南文艺出版社、大象出版社的领导及其团队精诚合作，结下了深厚的友情。这本书，应该是在河南文艺出版社出版的第五本书（第七个版本）了。责任编辑陈静老师的敬业精神和工作效率、质量感动了我，获奖"专业户"刘运来工作室的徐胜男女士负责书籍设计，她们的努力，都使得这本小书更加贴近读者。我的队友赵静玉女士在插图的绘制、修订上贡献多多。这都是我要表示深深的感念之情的。

2023年9月17日

解码

华夏文明

城池内外的

考古城市历史 延续华夏文脉

解码关键词 壹

考古人许宏

走近作者本人

从考古学家到作家

换新视角看考古

解码关键词 贰

"大都无城"

深度解读文章

最原始的中国文章

并非有郭才有城市

解码关键词 叁

考古公开课

聚焦考古发现

阐释遗迹遗存

鉴赏精美历史文物